Monographic Study on
Regional Economic Development
&
Transformation of Resource-based Cities of China

区域经济发展与资源型城市产业转型专题研究

赵书哲　著

辽宁人民出版社

ⓒ 赵书哲 2017

图书在版编目（CIP）数据

区域经济发展与资源型城市产业转型专题研究／赵书哲著. —沈阳：辽宁人民出版社，2017.9
ISBN 978-7-205-09076-0

Ⅰ.①区⋯ Ⅱ.①赵⋯ Ⅲ.①城市经济—产业结构调整—研究—盘锦 Ⅳ.①F299.273.13

中国版本图书馆CIP数据核字（2017）第204754号

出版发行：辽宁人民出版社
地　址：沈阳市和平区十一纬路25号　邮编：110003
电　话：024-23284321（邮　购）　024-23284324（发行部）
传　真：024-23284191（发行部）　024-23284304（办公室）
http：//www.lnpph.com.cn
印　　　刷：辽宁奥美雅印刷有限公司
幅面尺寸：170mm×240mm
印　　　张：16.5
字　　　数：180千字
出版时间：2017年9月第1版
印刷时间：2017年9月第1次印刷
责任编辑：陈　兴
封面设计：丁末末
版式设计：韩　军
责任校对：徐丽娟
书　　　号：ISBN 978-7-205-09076-0
定　　　价：78.00元

东北老工业基地资源型城市转型的"攻玉之石"(代序)

林木西

资源型城市转型之路是当前学术界的热议话题,也是世界各国普遍关注的难点问题。资源型城市因自然资源的开发而兴,也可能伴随着资源的枯竭而衰,为此必须实行经济结构调整,由此经历"建设—繁荣—衰退—转型—振兴或衰亡"的生命过程。

我国资源型城市数量众多、分布广泛。在共和国成长的流金岁月里,曾为推动我国工业化进程和城镇化发展,以及独立完整的工业体系建设和国民经济的长期稳定发展做出不可磨灭的历史贡献。然而,伴随着经济结构的逐步调整以及资源型产品供求关系的重大变化,资源型城市相继出现了主导资源濒临枯竭、产业结构不尽合理、低收入和高失业长期并存、生态环境急剧恶化等一系列难题,对资源型城市的可持续发展和区域经济的稳定繁荣构成前所未有的威胁与挑战。资源型城市历史贡献巨大、现实地位突出。伴随着我国经济发展进入新常态,为有效应对国际金融危机,促进资源型城市可持续发展和区域经济协调发展，资源型城市的转型升级势在必行。

盘锦市作为辽宁资源型重化工业城市，是典型的"源油而生、因油而兴"的资源型城市。油气开采和化工产业一直占据盘锦市经济总量半壁以上的江山，是地方经济发展的支柱产业和财政收入的主要来源，曾为东北老工业基地的辉煌贡献了巨大力量。然而，"先矿后市"的发展模式也造成盘锦市"石油头、化工身"单一独大的产业结构，经济结构严重失衡，服务业发展滞后，职工生活困难，就业压力不断增大。2007年，盘锦市被列为全国资源型城市经济转型试点市。如何实现盘锦市的华丽转型，避免"矿竭而去、人去城衰"的"荷兰病"，在新一轮辽宁振兴的伟大实践中，探索出一条资源型城市成功转型的可持续发展之路，是众多专家学者研究的焦点。赵书哲的新作《区域经济发展与资源型城市产业转型专题研究》堪称这方面研究的一部力作。通读全书，主要在以下几个方面颇有特色。

第一，未雨绸缪。伴随着资源的枯竭和经济结构的调整，资源型城市的命运不外乎两种：春蚕型消亡和蝌蚪式转型。前者即经济发展始终依赖矿产资源，犹如春蚕作茧，最终只能丝尽而亡，整体搬迁；后者即主动割掉自己的尾巴，适时调整产业结构，最终成功上岸，摆脱对资源的依赖，蜕变成青蛙。当前，盘锦市油气资源严重衰减，但又没有达到枯竭程度。作者基于早转型、早主动的考虑，力求实现资源型城市主动转型，深挖盘锦市的发展潜能，因此，该书可称为未雨绸缪的力作。

第二，"借"玉"攻"石。资源型城市转型是一个世界性难题。辽宁省是全国资源型城市最为集中的省份之一，拥有包括盘锦在内的11个资源枯竭型城市。周边城市产业转型失败带来的阵痛,以及国内外其他资源型城市转型的成功案例深深触动了盘锦人。资源型城市产业转型并没有一成不变的现成模式,其成功与否的关键在于打破思维定式,坚持以实际问题为导向。作者通过大量资料论证得出,因地制宜,分类指导,抢抓转变发展方式的最佳时间窗口是众多资源型城市成功转型的经验总结。盘锦市只有以循环经济换挡、新兴产业接续的"组合拳",为东北老工业基地注入强劲的不竭动力,才能更好地"突破辽西北",逐步实现发展动力转换、经济逆势增长。虽然本书立足于盘锦的经济转型,但跳出盘锦思路,本书对众多资源型城市经济转型亦有借鉴意义。

第三,独辟蹊径。盘锦市源油而生,因油而兴,"一油独大"的产业格局对其他产业的发展产生了强大的挤出效应。油气不能再生,资源几近枯竭,但精神智慧资源不能枯竭,正所谓思路决定出路。"十三五"时期是辽宁老工业基地新一轮全面振兴的重要战略机遇期,也是资源型城市经济转型的攻坚期。本书的目的正在于通过汇集智慧资源来培育和发展接续产业,以全新的思路谋划推动盘锦新发展。使盘锦市由"一柱擎天"的单一产业结构走向"多元支撑""多业并举"的结构模式,从单调的"黑白"两色走向"五彩缤纷"的生态新城,摆脱"油企一感冒,全市打喷嚏"状况。

第四,久久为功。自2007年被国务院确定为资源型城市经济转型试点城市以来,盘锦市坚持以问题为导向,按照"向海发展、全面转型、以港强市"的总体规划,从油、气等传统资源性行业的供给侧发力,围绕"一核、一带、一轴、多点"的总体布局,构建了辽东湾新区、盘锦经济开发区、盘锦精细化工（塑料）产业园、辽宁北方新材料产业园和大洼临港经济区以及高升经济区。八年磨砺耕耘，一朝破茧成蝶。盘锦市逐渐摸索出一条适合本市特点的产业转型道路，正逐步从"辽河时代"走向"海洋时代"，经济转型取得了阶段性成果。但是资源型城市转型是一个长期的、复杂的过程，尤其是当前还面临着一些困难和问题。如，经济下行压力较大，国内外经济环境错综复杂，生态环境恢复治理难度较大，保障和改善民生任务依然繁重。盘锦市经济转型道路任重道远。因此，本书既是过去八年盘锦市经济转型阶段性成果经验的总结，也可为未来盘锦市进一步跳出"资源陷阱"，实现彻底转身提供有益的帮助。

研究资源型城市经济转型必须坚持理论与实践相结合的基本原则，"看天气、接地气、聚人气"。长期以来，书哲同志已逐渐积累了较强的理论功底，且一直深入基层实践，从而使该书具有良好的理论与实践基础。因此，相信此书会对我国资源型城市经济转型的研究和应用产生积极的推动作用，也会得到理论界与实际工作部门的重视和广大读者的欢迎。当然，该书提出的某些观点和建议也需要经过实践的检验与验证。

值此该书出版之际，我为其所取得的研究成果而感到由衷高兴，并衷心希望书哲同志能够在为政从学道路上更进一步，不断取得更大的成就。

是为序。

2016 年 10 月于辽宁大学

目 录

代　序 /1

第一章　中国特色社会主义生态文明建设 /1

一、中国特色社会主义生态文明内涵特征 /2

二、中国特色社会主义生态文明体制解读 /4

三、中国特色社会主义生态文明体制建设背景 /6

四、中国特色社会主义生态文明体制建设路径 /10

第二章　以信息基础设施演进升级为契机，培育与扩大信息消费需求 /17

一、当代中国培育与扩大信息消费需求的重要意义 /18

二、当代中国信息消费总体发展情况概述 /22

三、培育与扩大信息消费需求面临的问题 /24

四、培育与扩大信息消费需求的路径选择 /27

第三章　新型工业化与信息化深度融合路径探析 /32

一、"两化融合"理论与实践的内涵 /32

二、"两化融合"的意义/35

三、"两化融合"的重点、难点与方向/39

四、推进"两化融合"的路径选择/43

第四章 港口群与腹地经济空间良性互动新路径分析/47

一、港口群与腹地空间经济互动作用过程/48

二、中国港口群与腹地空间经济互动类型/50

三、港口群与腹地空间经济协调发展新路径/52

第五章 智能制造引领辽宁装备制造业产业升级探析/57

一、智能制造的发展业态/57

二、智能化是装备制造自动化的发展方向/59

三、提升智能制造,促进辽宁装备制造业产业升级/63

第六章 宏观经济中的区域经济战略布局/67

一、关于中国实施新一轮区域经济战略布局的背景/67

二、关于我国区域经济的战略布局/75

第七章 环渤海经济区域合作与辽宁沿海经济带发展/96

一、环渤海经济区域合作历程/96

二、环渤海经济区域合作中存在的问题/98

三、环渤海经济区域合作的策略选择/103

四、环渤海经济区域合作对辽宁沿海经济带发展的促进作用/110

第八章 建设东北区域性国际金融中心探析/116

一、东北区域性国际金融中心建设的基本思路/116

二、突破重点/117

三、保障措施/124

第九章 新型城镇化必须坚持大中小城市和小城镇协调发展/128

一、大中小城市和小城镇协调的必要性/129

二、大中小城市和小城镇协调发展面临的阻力/132

三、大中小城市和小城镇协调发展的具体思路/135

第十章 建设具有国际竞争力的先进装备制造业基地/139

一、实施国际化、高端化发展战略,打造装备制造业跨国公司,提高辽宁装备制造业国际竞争力/140

二、促进产业集群向国际化产业基地发展,加快建设两大核心聚集区,做强做大辽宁装备制造业/143

三、重点培育三大产业集群,构建配套能力强、价值链完善、附加值较高的产业链/145

四、提高产业技术创新能力,加强自主品牌建设,以体制机制创新促进产业升级,以高新技术支撑先进装备制造业产业基地的建设/147

五、加快提高一批大企业的国际竞争力,为国际化产业基地奠基/148

六、以体制机制创新、政府职能创新，加大政策支持力度，完善支撑保障体系，为产业发展提供经济社会环境/152

第十一章 资源型城市经济转型的科学思路/156

一、推进资源产品向产业链的转型延伸/157

二、推进城市由高碳发展模式向低碳发展模式转型/159

三、推进城市由资源型向价值型的转型拓展/162

四、推进城市与区域由"二元"发展向统筹发展转型/165

第十二章 资源型城市转型路径分析
——以盘锦市为例/170

一、资源型城市转型研究综述/170

二、资源型城市转型的研究背景/172

三、资源型城市面临的问题/176

四、盘锦资源型城市产业转型与可持续发展研究/177

五、盘锦资源型城市转型的生命周期阶段/180

六、盘锦 SWOT 分析/189

七、石油资源型城市经济转型的通用模式及方法/197

第十三章 区域经济发展与资源型城市产业转型/236

一、加大产业调整力度，实现城市产业结构转型/236

二、科学系统完善规划，实现城市功能定位转型/237

三、全方位打造和谐理念，实现城市生态环境转型/238

四、加快城乡二元结构转换，实现城市形态网络转型/239

五、发挥区域资源优势，实现城市要素聚集转型/240

六、遵循民生为本原则，实现城市基础设施转型/241

参考文献/242

后　记/250

第一章 中国特色社会主义生态文明建设

生态文明建设是中国共产党在整个人类社会在经历了后工业化所带来的种种经验教训后作出的历史发展新选择。党的十八届三中全会《中共中央关于全面深化改革若干重大问题的决定》指出："建设生态文明，必须建立系统完整的生态文明制度体系，实行最严格的源头保护制度、损害赔偿制度、责任追究制度，完善环境治理和生态修复制度，用制度保护生态环境。"目前，世界各个国家纷纷将生态文明建设作为解决经济发展中遭遇到环境问题的灵丹妙药，生态文明建设因此成为经济社会持续发展的重要基础之一。党的十八大明确提出生态文明建设的重要任务、目标、方向，生态文明建设地位不断提升，其与经济建设、政治建设、文化建设、社会建设共同形成"五位一体"的总体布局之中，生态文明建设被纳入全面建设小康社会的整体范畴之内，希望能够将半个多世纪以来快速工业化过程中积累下来的深层次问题加以解决。当今社会正处于一个从工业文明向生态文明转变的重要战略机遇期，如果能够抓住这一机遇，实现顺利转型，中国的经济社会在未来很长的一段时间内还将会保持平稳增长势头。反之，必然会影响到中国的持续发展以及民族复兴。在党中央高度重视生态文明建设的历史背景之下，对于中国特色社会主义生态文明体制建设这一课题进行深入的阐述分析，理清中国特色社会主义生态文明体制内涵、特征，可以为中国特色社会主义生态文明建设的持续推进提供理论层面的坚实支撑。

一、中国特色社会主义生态文明内涵特征

生态文明是一个古老的话题，不过在工业文明时代之前，生态文明并没有得到广泛的关注，直到20世纪七八十年代，随着工业文明所带来的负面问题的不断凸显，生态文明才开始成为整个社会所广泛关注的话题。中国对于生态文明的关注始于20世纪80年代，随着中国快速的工业化，生态文明开始进入高层视野，党的十五大提出可持续发展的概念，党的十六大提出环境改善的要求，党的十七大提出生态文明建设概念，党的十八大将生态文明建设纳入社会主义事业"五位一体"的整体布局中，进一步提升了生态文明建设的战略地位。党的十八届三中全会通过《中共中央关于全面深化改革若干重大问题的决定》指出："必须更加注重改革的系统性、整体性、协同性，加快发展社会主义市场经济、民主政治、先进文化、和谐社会、生态文明，让一切劳动、知识、技术、管

第一章　中国特色社会主义生态文明建设

理、资本的活力竞相迸发,让一切创造社会财富的源泉充分涌流,让发展成果更多更公平地惠及全体人民。"(中国新闻网 2013 年 11 月 12 日)经过各届中央政府的不断探索完善,中国目前已经形成比较系统的中国特色社会主义生态文明理论体系,这一理论体系成为指导中国生态文明建设的基本理论依据。

中国特色社会主义生态文明内涵包括以下几个方面的内容。

(一)中国特色社会主义生态文明确信人民群众是生态文明建设的力量源泉

中国历届政府在生态文明建设中都特别注重依赖群众,通过充分发动群众力量来推进生态文明的持续建设。在中国开展全民义务植树活动就是依靠群众的真实反映。建设社会主义生态文明,必须要做到依靠人民群众的力量,将人民群众参与的积极性充分地激发出来,使得社会成员牢牢树立生态文明建设理念。

(二)中国特色社会主义生态文明强调科学技术在生态文明建设中作用的发挥

邓小平提出科学技术是第一生产力的重要论断,在此背景下,中国特色的社会主义生态文明建设始终坚持采用先进适用技术改造传统产业和发展高新技术产业,改变传统的资源投入高、浪费大的生产方式,转变经济收益低的粗放增长模式。

(三)中国特色社会主义生态文明要求人与自然的和谐相处

人类要尊重自然规律,本着可持续发展的原则改造自然。中国特色社会主义生态文明的特征有以下几点。一是带有浓厚的中国传统文化色彩，体现了中国传统文化对于自然环境的一个认知；二是具有典型的中国社会主义特色，是在社会主义框架内对生态文明的阐述，打上了马克思主义关于生态文明建设思想烙印；三是讲究法制和制度的系统性，从政治文明、法制文明、科学技术等诸多方面阐述了生态文明的建设，内容更加全面详尽。

二、中国特色社会主义生态文明体制解读

中国特色社会主义生态文明体制凝聚了几代共产党人的智慧，是中国共产党多年来对于生态文明这一理论内容进行不断探索完善的结晶，是中国特色社会主义理论与时俱进的产物。对于中国特色社会主义生态文明体制的解读，需要紧紧围绕中国特色社会主义来进行，从社会发展内容、发展阶段、发展规律三个视角进行全面阐述。

（一）社会发展内容视角下生态文明

从社会发展内容层面来看，中国特色社会主义生态文明体制是现代社会文明的重要内容之一。党的十八大将生态文明建设纳入社会主义建设的整体范围中去，并将其作为全面建成小康社会的一项重要指标，从物质文明到精神文明，再到如今的生态文明，充分地反映出中国共产党对于人类文明进程的一个准确认知。生态文明与物质文明、政治文明、精神文明之间具有内在的统一性。长期以来，中国在经济社会的发展中片面地割裂生态文明与其他文明之间的关系，导致社会建设内容的失衡。在物质文明与

生态文明的辩证关系之上，长期以来存在这样的一种错误理念，那就是物质文明与生态文明不可兼得。在当前以经济发展为中心的主导理念下，物质文明建设被置于一个高高在上的位置，而生态文明建设被有意无意地忽视，结果导致中国经济发展质量下滑问题明显，同时带来巨大的环境危害。这一严峻的社会现实迫切要求中国要重视生态文明建设，做到生态文明与物质文明的共同发展，生态文明的建设需要物质文明建设提供物质支撑，而物质文明建设的持续需要生态文明提供保障。

(二) 社会发展阶段视角下生态文明

邓小平根据中国的基本国情，创新性地提出社会主义发展阶段理论，认为当前以及未来很长的一段时期内中国都将是社会主义初级阶段。社会主义初级阶段这一基本国情是中国生态文明体制形成的现实基础，对于生态文明体制的解决不能够回避中国处于社会主义初级阶段这一客观现实。马克思对于生态文明与社会主义、共产主义之间的联系进行了充分的阐述，他认为共产主义是人的全面发展的阶段，这一阶段人与自然、人与人之间的矛盾都将得到较好的解决，人也成为自然界的主人。从社会发展的阶段来看，人类经历了原始文明、农业文明、工业文明三个阶段。在工业文明发展中，资本主义的生产方式带给人类巨大生态危机，西方资本主义国家经历了"先污染、后治理"的难题，而这一道路在中国很难走通。在社会主义初级阶段，中国人口多、底子薄是一个客观现实，中国不可能像西方国家那些拿出巨大的资源进行先污染再治理。在人口、资源、环境的巨大压力下，中国要实现中华民族伟大复兴的中国梦就必须要牢牢贯彻社会主义生态文明观念，努力开拓中国特色社会主义事业新局面。同时在全球生态危机愈演愈烈的背景下，中国要主动承担起自身的责任和义务，为生态地球的保护与建设做出应有贡献。

(三) 社会发展规律视角下生态文明

人类社会的发展有着不可逆转的规律，按照马克思的阐述，人类社会必然要从封建社会过渡到资本主义社会，从资本主义社会过渡到共产主义社会。马克思认为人与自然是统一的，在资本主义社会人与自然是对立的，资本主义对于生态环境的破坏具有客观必然性。未来在社会主义社会，人类在充分认识把握自然规律基础之上的改造自然，能够实现人与自然之间的和谐相处。在生态环境危机不断加剧的背景下，中国生态文明体制的建设继承了马克思关于人与自然发展的核心思想，从社会发展规律的高度出发，总结了社会主义制度是最有利于构建人与自然和谐相处的制度，生态文明是社会主义的本质要求之一。中国特色社会主义体制本身有着资本主义无可替代的优越性，这为中国生态文明的建设提供了制度层面的保证。中国要利用好制度层面的优势，加强生态文明体制建设，实现人与自然的和谐发展，为经济发展注入更多更长久的活力。

三、中国特色社会主义生态文明体制建设背景

中国特色社会主义生态文明体制建设有着深刻的现实背景，是传统经济方式发展受阻、解决资源短缺瓶颈、缓解生态承载压力、实现跨越式赶超战略持续发展、缓和人与自然矛盾的必然举措。

第一章　中国特色社会主义生态文明建设

（一）中国特色社会主义生态文明体制建设是一个不同于工业文明的新的社会形态的建设

生态文明建设与工业文明建设有着质的差异，这种差异不仅体现在观念层面、方法层面，还体现在行动层面。中国18世纪就开始进行工业文明建设的探索，但是直到新中国成立以后，中国工业文明的建设才算步入持续快速发展的轨道。经过多年的发展，中国工业文明建设取得了巨大的成绩。然而成绩发展的背后也存在诸多的问题，党中央提出生态文明体制建设的思路就是要破解工业文明建设中无法解决的难题。世界范围内来看，生态文明体制建设不同于工业文明建设有经验可循，毕竟工业文明建设发展历程长，西方发达国家在工业文明建设方面积累了大量的经验。但是生态文明建设领域则不同，世界范围内生态文明建设并没有一个可供借鉴的模式，这就要求中国特色的社会主义生态文明建设要注重创新探索，摆脱工业文明建设固有桎梏，探索人类新文明。这也有可能使中国实现进一步的跨越式发展，赶超世界发达国家，并与其同步共进。

（二）中国特色社会主义生态文明体制建设就是要解决人类对物质财富追求的无限性与社会资源的稀缺性之间的矛盾

生态文明体制建设是人类发展追求的无限性以及社会资源之间有限性矛盾下的产物。人的欲望是无穷的，而既定的历史阶段自然资源是有限的，辩证地来看人类追求社会财富的无限性具有正反两个方面的作用。积极层面来看推动了生产力的不断发展，消极层面来看对于社会资源的无限索取给自然环境带来了巨大的压力。当前中国乃至世界在工业化的进程中，消耗了大量的自然资源。中国虽然资源相对丰富，但是在工业化对于自然资源的快速消耗中也逐渐枯竭。中国铁矿石、石油等大宗商品的对外依存度高达50%以上。预计全世界范围内，此类自然资源也将会在不久的将来消耗殆尽。这客观上要求中国要通过中国特色社会主义生态文明体制建设减少资源的消耗速度，为未来的持续发展积蓄更多的资源。

（三）中国特色社会主义生态文明体制建设就是要解决人类对社会财富公平享用追求的无限性与社会财富的有限性之间的矛盾

公平是相对的，不公平是绝对的。观察人类社会的发展历史，追求公平始终是一个不变的话题。人类追求财富享用公平的脚步永远不会停歇，同时也推动整个社会不断向前。可以说人类历史上每一次的社会急剧变革，社会不公都是重要的原因。中国改革开放以后，邓小平提出贫穷不是社会主义，允许一部分人先富起来，然后由先富带动后富，实现共同富裕。当前，通过改革开放一部分人确实富裕起来了，社会财富的不公平也越来越突出。统计数据显示，当前中国是世界上贫富差距最大的国家之一，基尼系数保守估计在0.5以上。巨大的贫富差距对于社会的危害是至深的，生态文明体制建设有助于解决财富享用公平追求以及社会财富有限的矛盾。

（四）中国特色社会主义生态文明体制建设就是要解决人类社会发展追求的无限性和自然环境支持人类的有限性之间的矛盾

自然环境的承载力是有限的。工业革命以来，人们对于自然环境的改造力度前所未有，同时也给自然环境带来巨大的破坏。一方面是人类社会

第一章　中国特色社会主义生态文明建设

发展追求的无限性，另外一方面是环境支持人类活动的有限性，二者之间的矛盾高度集中在当今的中国。中国拥有世界上最多的人口，在高速的工业化过程中，中国经济实现了快速的发展，经济总量已经跃居世界第二。然而与经济发展相对应的是中国自然环境承载力的不断下降，中国生态环境已经濒临危机的边缘。要想破解资源环境支持人类活动有限性以及人类社会发展追求无限性之间的内在矛盾，必然选择就是要通过生态文明体制建设来实现这一矛盾的解决。通过生态文明体制的建设，充分地考虑到自然环境对于人类活动承载力的要求，确保在人类追求以及环境保护之间寻找到一个平衡点，促进人与自然的和谐共处。

（五）中国特色社会主义生态文明体制建设就是解决功利国民时代所导致的必然后果的问题

生态文明体制建设的本质就是要处理好社会当前发展以及长远发展、当代人利益以及子孙后代利益的问题。当前社会发展功利性凸显，由此带来大量的生态环境问题，造成社会环境的严重破坏。在全国范围内，已经难以找到一条干净的河流，一块干净的土地，生态承载体已经濒临极限。统计数据显示，中国每年因为环境污染所导致的经济损失至少占GDP2%。各种自然资源更是在人们无限的索取下趋于枯竭，社会发展的潜力严重受损。面对功利国民时代带来的严重后果，中国需要在生态文明体制建设方面不断努力，解决好当前社会发展中存在的各种问题。在生态文明体制建设中要充分地考虑外部各种不利环境问题影响，本着长远发展以及在发展中解决问题的理念，持续地推进生态文明，确保当今社会发展中生态问题得到较好的解决。

（六）中国特色社会主义生态文明体制建设就是要解决人类社会以高科技为基础的高度发达的生产力与生产关系之间的矛盾

生产力与生产关系是一对矛盾体，生产力决定生产关系，而生产关系反过来又会影响生产力。工业革命以来，世界范围内的技术创新日新月异，邓小平关于科学技术是第一生产力的论断被不断地证实。科学技术的高度发展带来人类生产力的巨大发展，客观上要求生产关系与之相适应。人类高科技发展的实践已经证明科学技术是一把双刃剑，运用得当可以带来生产力的巨大发展，并实现生产关系的极大变革。反之，则会给生产力的发展以及生产关系的变革带来不利影响。目前，高科技巨大发展所带来的生产力的高度发达与落后的生产关系之间的矛盾正在不断地凸显，各种形式的生产关系改革不到位已经成为制约中国生产力持续发展的重要因素。面对高科技发展中伴生的各类负面问题，亟须通过变革各种陈旧的生产关系来充分地释放高科技带来的生产力发展，从而实现经济社会的不断发展。生态文明建设是解决当前科技高度发展与生产关系落后之间矛盾的合理途径，通过生态文明建设解决以高科技为基础的高度发达的生产力所带来的各种负面问题。生态文明既属于生产力范畴，也属于生产关系的范畴，通过生态文明建设来解决生产力与生产关系的矛盾。

四、中国特色社会主义生态文明体制建设路径

中国特色社会主义生态文明体制建设在世界范围内都没有先例可循，

第一章 中国特色社会主义生态文明建设

这就需要中国在建设路径的探索中坚持解放思想、实事求是的基本原则，充分考虑中国特色社会主义理论内涵基础之上，从以下几个方面进行不断的努力。

（一）注重法制建设，构筑中国特色社会主义生态文明建设体系

生态文明法制建设是中国特色社会主义生态文明体制建设的重要内容。在依法治国的背景下，将生态文明建设纳入法制化的轨道，从法律层面给予生态文明体制建设支撑，进一步地完善生态文明法制建设。中国要在中国特色社会主义法律体系之内增加生态文明法制建设内容，在生态文明法制建设中始终立足当前、着眼长远，确保相关法律的前瞻性以及适用性，确保法律为生态文明建设提供足够的保障。生态文明法制建设体系设计涉及两个关键内容：一方面是对于法制内容的确定，法制内容要全面、具体，能够针对当前生态文明建设中出现的各种问题有效地加以规范，实现对于违法行为的严厉打击。同时生态文明建设法制内容要注意到不同法律体系之间的相互衔接，实现相关法律体系的融合，避免不同法律体制之间的内在冲突。另外一方面是要进一步提升生态文明相关法律的地位，由全国最高立法机关出台专门的生态文明建设的法律法规，确保法律效力。与此同时，在法律的执行方面要严格执法，做到法律面前人人平等。政府部门要严格地制定责任追究机制，提升执法人员的责任意识，杜绝有法不依、执法不严、违法不究等给生态文明建设带来负面行为。

（二）依靠制度创新，确立中国特色社会主义生态文明建设模式

制度创新是中国特色社会主义生态文明体制建设的一个重要方面。生

态文明与当今工业文明区别很大,这对于现有的制度来说是一个巨大的颠覆,需要制度创新的跟进来实现中国特色社会主义生态文明建设模式的建设与完善。制度创新是中国改革开放以来,经济社会不断发展的法宝之一。针对当前制度层面的滞后僵化问题,确立中国特色社会主义生态文明体制建设的关键就是要依靠制度层面的不断创新。制度创新要做到以下几点:一是要做到观念层面的思想解放。制度的创新不能受到固有落后思想的桎梏,政府要开展生态文明体制建设的全面观念更新,通过生态文明体制建设的全面观念更新,集全社会的智慧来进行制度创新。正所谓"三个臭皮匠,赛过诸葛亮",群众的智慧是无穷的,制度创新要依靠群众,确保制度创新方向的正确性。二是制度创新要注意借鉴经验。他山之石,可以攻玉。西方国家这些年来在生态文明建设方面的经验可圈可点,同时也积累了大量的教训,这些经验教训对于中国特色社会主义生态文明体制的建设来说弥足珍贵,因此要充分利用中国的后发优势来实现制度的创新可以少走弯路,实现弯道超车。三是制度创新做到动态调整,根据内外环境的变化进行调整,毕竟现代社会"变是唯一的不变",制度创新要紧跟时代环境的变化而不断地调整。制度创新坚持上述基本原则的基础之上,核心内容在建立奖惩机制,通过奖惩来正强化或者负强化各类符合生态文明建设的行为模式以及不符合生态文明要求的行为模式,实现中国特色社会主义生态文明体制建设的稳步前进。

(三)发展循环经济,完善中国特色社会主义生态文明建设方法

在中国特色社会主义生态文明体制建设中,要注重依托科技创新,用

先进的技术手段助力生态文明体制建设，实现绿色生产是中国特色社会主义生态文明建设的重要的方法。改革开放以来，中国经济持续多年的高速发展与科技创新密不可分。正是在科技创新的支撑下，中国经济的持续增长才得以实现。然而在经济的快速发展中也暴露出一系列的问题，其中之一就是经济发展方式的滞后。与发达国家相比，中国科技创新的整体水平还比较低，而科技创新决定着经济发展方式，科技创新的不足导致中国经济发展方式处于粗放增长的一种状态。而实践证明，粗放式的经济发展方式不具有可持续性，长期以来的粗放经济发展模式已经大大透支了中国经济发展的潜力，环境污染、能源短缺已经成为制约中国经济进一步发展的瓶颈。经济发展方式转变是中国未来经济发展的必然选择，而实现经济发展方式转变的关键就在于科技创新，科技创新的主体是企业。在构建资源节约型、环境友好型的社会背景下，循环经济以及节能减排成为中国发展中必须要解决好的问题。国家要加强科技创新支持，科技创新本身是一个高风险的行为，需要国家进行财政投入来加以引导，尤其是在基础性的科技创新领域，用财政投入来进行支持科技创新是各个国家通行的做法，同时对企业的技术更新改造提供资金支持，通过一系列措施的采取来引导循环经济保持良好的发展趋势。

（四）培育环保理念，营造中国特色社会主义生态文明建设环境

生态文明建设不是依靠某一个人或者少部分人的努力就能够成功的，需要整个社会具有浓厚的生态环保理念，每一个人的环保力量凝聚在一起才能有效地推动生态文明建设的持续向前。环保理念要求公众对于生态文

明建设的重要性有一个深度认同，并外化为各种具体的环保行动。中国目前环保理念普及不够理想，社会公众的环保意识不强，由此导致各种资源浪费现象比比皆是。随手丢弃废旧电池、浪费水资源等，这种做法与生态文明建设的要求背道而驰，加剧了资源的浪费。在这种背景之下，中国特色社会主义生态文明体制建设要注意通过环保理念的培育，创造良好的生态文明建设环境。生态文明建设理念先行，毕竟观念是行动的基础，只有观念层面正确、重视，才能够在生态文明建设中处处体现出来。在环保理念的培育方面，国家要充分利用各种媒介资源，大力宣传环境保护的重要意义，告知公众环境保护要从小做起，从身边做起，让公众在持续强化的环保宣传中具有良好的环保理念，在工作生活中能够自觉地按照环保要求开展工作。在生活中做到垃圾分类、节约用水用电等，这样就能将每一个人的环保力量汇聚成河，每一个人都为生态文明建设贡献自身力量，从而助推生态文明建设的不断前进。

（五）加强区域合作，健全中国特色社会主义生态文明建设形式

生态文明建设是一个世界范围内的共同话题，需要区域之间加强合作，这样才能够为生态文明的建设创造良好的条件。区域之间的合作涉及国内区域之间的合作以及国际区域合作，从国际间的区域合作来看，这些年来中国为了发展经济，积极承接发达国家向中国进行的产业转移，虽然促进了经济发展，但也导致大量污染的产生。一些发达国家将那些污染严重的产业纷纷转移到中国，导致中国成为世界环境污染严重的国家之一，使中国生态文明建设遭遇巨大的困境。从国内区域合作方面来看，地区之

第一章　中国特色社会主义生态文明建设

间的生态文明建设各自为政，缺少合作，如长江上下游流域各个城市都是"自扫门前雪，不管他人瓦上霜"，结果造成长江流域生态的不断恶化。针对此种情况，中国特色社会主义生态文明体制建设要重点将区域合作以制度、机制的形式加以固化，把国家制度优势发挥到极致。为了更好地加强国内外区域之间的合作，这些年，中国陆续加入各种世界环境保护组织，制订了二氧化碳减排计划，有力地促进了中国生态文明建设形势的完善。同时也要注意防止发达国家的污染转移，在引进外资的过程中，逐一进行分辨，对于那些污染危害大的项目转移要用法律的手段加以治理、处罚，切不可为了当前的利益而损害子孙后代的长远利益。在国内方面则强化区域之间生态合作，出台有力的整合措施。未来在生态文明建设形式方面，要充分发挥区域合作这种形式的作用，实现生态文明建设效果的提升。

从人类文明的发展历程来看，人类发展从远古文明过渡到农业文明，然后从农业文明过渡到工业文明，工业文明带来的巨大成绩不容否认，但是其所带来的危害也是显而易见的。目前，中国正处于社会转型以及经济转轨的关键阶段，工业文明所带来的负面影响客观上要中国选择生态文明的发展路径。通过生态文明体制的建设来破解当前中国工业化过程中出现的各种环境问题，诸如环境恶化、生态退化、资源枯竭等，从而为社会的健康发展创造更好的条件。考虑到生态文明建设在世界范围内尚没有现成的模式可供借鉴，需要中国立足国情，坚持中国特色社会主义科学指导，根据科学发展的要求，大胆创新，不断进取，从体系、制度、方法、形式、环境等方面不断地去完善，构建中国特色社会主义生态文明体制。与

此同时,中国特色社会主义生态文明体制建设不仅需要顶层设计,同时更需要基层切实有力地执行,需要在发展中去不断地纠正与完善,从而为中国解决好生态环境问题,为经济社会的持续发展提供更多理论层面的指导。

第二章 以信息基础设施演进升级为契机,培育与扩大信息消费需求

伴随社会信息化程度的不断加深,信息消费成为社会消费的热点之一,在经济发展从依靠传统资源更多向依靠信息资源靠拢的社会背景之下,信息消费的形成具有客观必然性。信息消费是直接以及间接以信息产品和信息服务为消费对象的消费行为,是人们在满足基本生活需求层面,为了追求更高的生活质量以及工作效率的一种必然行为。目前,中国信息消费方兴未艾,已经成为拉动经济增长的新的增长点,并在消费升级、产业升级、民生改善等方面发挥着越来越重要的作用。但是中国信息消费的结构相对传统,信息消费需求不足,基础设施滞后、数字鸿沟存在、公共服务落后等导致信息消费的发展受到诸多的负面影响。尽快破除壮大信息消费需求的制约因素,壮大信息产业的发展已经成为中国当前以及未来很

长一个时间段内的重要发展任务。

一、当代中国培育与扩大信息消费需求的重要意义

当代中国培育与扩大信息消费需求意义重大，在信息化浪潮席卷全球的背景下，中国信息社会已经初见雏形，信息产业在整个经济社会的发展中扮演着越来越重要的角色。通过培养与扩大信息消费需求，是中国内外环境发展到一定阶段的必然要求，将会为中国经济社会的持续发展改善带来更多的促进因素。具体分析如下：

1. 是中国当前和今后一个历史时期经济可持续发展的需要

改革开放30多年来，中国经济始终保持一个较快的发展势头，经济规模不断攀升。目前，中国经济规模已经跃升为世界第二，2013年上半年全国 GDP 248009 亿元，按可比价格计算，同比增长 7.6%。不过随着改革开放红利释放殆尽，加上中国传统的经济增长拉动力量减弱，最近几年，中国经济的增速开始放缓，经济可持续发展能力受到影响。培育新的经济增长点成为中国经济可持续发展的必然选择。而从目前发达国家的情况来看，信息消费的潜力巨大。中国信息消费经过多年的发展，规模不断扩大（见图1），同时从图中数据来看，信息消费的增速始终保持在一个较高的水平，而信息消费每增加100元，就会带来300多元的国民经济增长，信息消费成为拉动中国经济持续发展一个新的增长点。按照目前中国信息消费的发展势头来看，2015年中国信息消费规模将会超过3万亿元人民币，将带动相关行业的产值计算在内，预计将超过5万亿元人民币，年均增速

第二章 以信息基础设施演进升级为契机,培育与扩大信息消费需求

将会维持在20%以上,远远超过传统行业的增长速度。从信息消费的规模以及发展速度来看,其对于中国经济发展的贡献将会越来越大,培育与壮大信息消费需求也因此成为中国当前和今后一个历史时期经济可持续发展的需要。

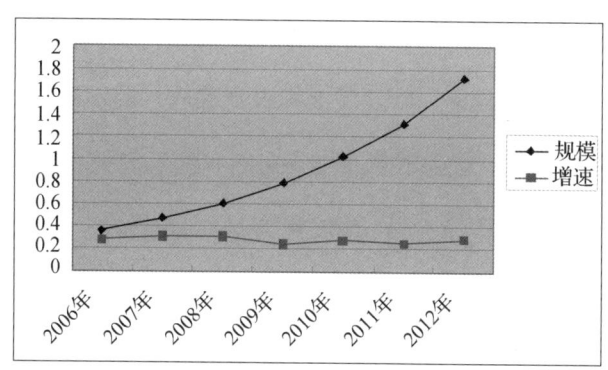

图1 中国信息消费规模和增速

数据来源:工信部发布数据整理所得(规模:万亿元,增速:%)。

2. 是中国转变经济发展方式条件下产业结构转变的需要

目前,中国正处于经济发展方式转变的关键阶段,在资源约束瓶颈、环境污染加剧、生态承载力不断下降的宏观背景下,以往的粗放为主的经济发展模式已经难以为继,在此背景下,转变经济发展方式、调整产业结构成为中国当前的重要任务。与发达国家相比,我国的一、二、三产业结构明显失衡,突出地表现在第三产业的占比偏低,第二产业独大方面,中国2012年第三产业占国民生产总值比重为44.6%,明显低于发达国家平均70%以上。在第二产业长期快速发展导致产能过剩严重的背景下,大力调整三大产业结构的比重是经济发展方式转变的必然需要。经济发展方式从

粗放到集约的转变客观上要求产业机构随之改变。而信息消费属于第三产业的范畴，通过大力培育与壮大信息消费需求可以为中国第三产业的发展贡献更多的力量，从而促进整个经济发展方式转变。

3. 是中国实现现代化要求信息消费产业升级发展的需要

消费升级是一国经济发展水平不断提升所带来的必然情况，随着我国经济发展水平的不断提升，人均 GDP 以及居民收入的不断提升（见图 2），居民收入的升级带来消费的不断升级。回顾我国居民消费结构的升级经历了一个从温饱消费为主到轻工产品消费为主，再到娱乐、教育等发展消费为主的逐渐过渡历程，这次过程中，我国从农业社会过渡到工业社会，基本实现了现代化。随着未来我国现代化水平的进一步提升，消费结构还将进一步提升，目前我国居民在信息消费成本的支出越来越高，对于信息产品的需要呈现出多元化以及个性化的特点，不过信息消费的结构层次还偏低，传统信息消费结构一直占据主导地位。信息需求是信息产业结构升级的必要条件，通过培育与扩大信息消费需求，可以推动我国信息消费结构的不断升级，满足人民群众在信息产品方面的多元需要，实现信息产业的不断升级，助推我国现代化的不断前进。

第二章 以信息基础设施演进升级为契机,培育与扩大信息消费需求

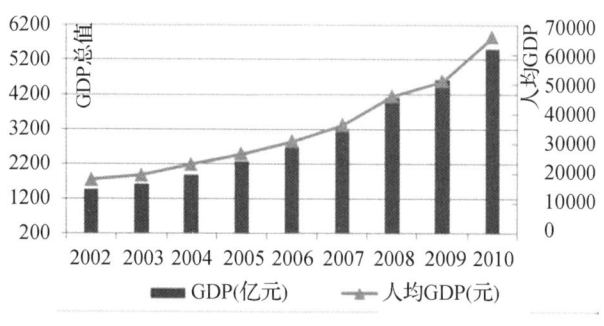

图 2　中国人均 GDP

数据来源:国家统计局网站。

4. 是未来中国全面实现"中国梦"的理想需要

培育与扩大信息消费需求是未来"中国梦"理念实现的现实需要,自从习主席提出"中国梦"这一概念之后,"中国梦"就成为引导我国经济社会发展的最主要纲领,习主席将"中国梦"界定为实现中华民族的整体复兴。近现代以来,中华民族历经劫难,从清末的巅峰滑落到新中国成立之前的低谷,在中国共产党的正确领导下,我国一步步地从谷底实现复兴,但是离"中国梦"的实现依然是任重而道远,"中国梦"的实现需要全体居民凝聚力量、攻坚克难、共同努力。在信息社会,促进信息消费已经成为新一届政府统筹稳增长、调结构、惠民生的一项重大举措,信息产业成为一国核心竞争力的重要组成部分,事关"中国梦"能否实现,通过培育与扩大信息消费需求,促进中国信息产业的快速发展,可以进一步地提升中国国际竞争力,为"中国梦"的实现奠定坚实的基础。

二、当代中国信息消费总体发展情况概述

在信息化建设如火如荼的背景下，信息化生产力成为世界各个国家和地区经济发展的重要推力，这些年我国高度重视信息产业的发展，在国家相关政策的支持下，在居民信息需求的拉动下，我国信息消费呈现出欣欣向荣的发展趋势，信息消费规模不断扩大，信息消费内容不断丰富，基础设施不断完善，具体阐述如下。

1. 信息消费规模不断壮大

随着中国居民收入水平的不断提升（见图3），带来了信息消费需求的不断增长，中国信息消费的发展蓬勃向上。根据国家信息中心的数据显示，截至2012年年底，中国网民数量突破5.6亿人口，互联网的普及率接近50%。网民数量的不断增加既是中国信息消费规模壮大的直接表现，反过来又促进了信息消费需求的不断上升，网络已经成为人民生活和工作不可或缺的工具，成为经济快速发展的重要拉动力。仅在2013年上半年，中国信息消费市场就已经突破2万亿元关口，我国网络零售业务数额达到7000多亿元人民币，预计全年会突破1.5万亿元，即时通信用户突破5亿。从未来的发展来看，通信技术的变革、网络的不断普及都会给信息消费的持续蓬勃发展奠定良好的基础，网络游戏、电子支付、影视传媒等更会成为信息消费的爆点。

第二章　以信息基础设施演进升级为契机，培育与扩大信息消费需求

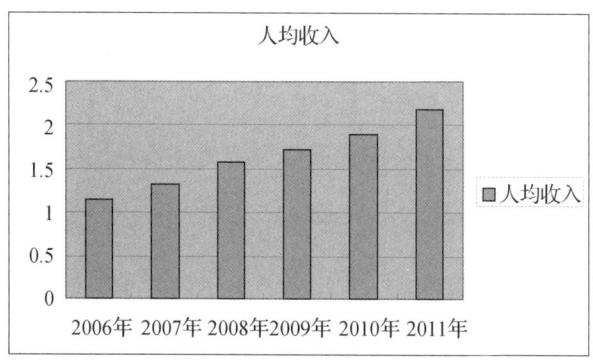

图3　中国人均收入

数据来源：国家统计局网站（单位：万元）。

2. 信息消费内容不断丰富

从信息消费内容来看，目前中国正处于从传统信息消费结构向家电、网络信息消费结构转变的关键阶段。信息消费的内容相比以往不断丰富，报刊、图书、电视等传统的信息消费内容不断缩小，而移动电话、电脑网络为载体的新兴的信息消费内容正在不断地充实壮大。如随着网络普及率的不断提升，电视观众正在不断流失，网民数量不断增加，电子支付、网络游戏、网络金融、网络通信等各种新的信息消费内容正在不断地丰富，并逐渐成为信息消费的主体。信息消费内容的不断丰富反映出中国信息消费内容充实、规模扩大，是未来中国信息消费发展的主导方向。信息消费内容的不断丰富迎合了现代人信息消费的偏好，尤其是基于网络的各种信息消费以其特有的突出优势正在不断地赢得更多的客户群体。如网络与金融之间的结合对于传统的金融服务是一个巨大的冲击，未来信息消费的内容还会不断丰富，这为信息消费的发展提供了巨大的推动力。

3. 信息消费基础设施不断改善

信息消费发展壮大的必要条件之一就是基础设施的不断完善，最近这些年，中国在信息消费基础设施领域的投资力度不断加大，基础设施的完善程度不断增加，覆盖范围也不短扩大。目前，中国网络基础设施服务已经基本上覆盖城乡，互联网的入户率基本上达到80%以上。中国通信基础设施正在从2G向3G以及4G建设过渡，3G网络的投入规模每年都在数千亿元人民币，网络基础设施的改善使得网络信息的传递速度以及质量相比以往都有了很大的提升，与此同时，众多公司对于云计算、物联网、大数据等新的信息技术的投资力度也在不断加大，创造出更多的信息消费领域。信息基础设施的改善使得更多的人能够享受到发展所带来的成果，"宽带中国"战略的实施与加快实施"信息惠民"工程的推动，为信息消费的发展壮大创造了良好的条件。

三、培育与扩大信息消费需求面临的问题

尽管中国信息产业发展迅猛，信息消费规模不断膨胀，整个发展形势前途光明，但是培育与扩大信息消费需求也面临着很多的问题。目前，中国信息消费需求的快速发展掩盖了很多的问题，如果不能够认清扩大信息消费需求中面临的问题，必然会损害中国信息消费的长远发展。目前中国培育与扩大信息消费需求面临的问题主要有以下几个方面。

1. 信息产业基础设施建设滞后

前文已经谈到虽然纵向来看，中国信息消费基础设施建设力度空前，

第二章 以信息基础设施演进升级为契机，培育与扩大信息消费需求

同时取得了良好的成绩，但是横向对比来看，中国与发达国家在信息消费基础设施方面的差距还是非常明显的，这一点在网络速度、网络普及方面表现得非常明显。中国平均网速在世界上位居第90位，仅仅为1.4M/S，而发达国家的网速普遍在15M/S以上，网络普及率也远远落后于发达国家；中国百户居民拥有计算机为60台，而发达国家一般都在80台以上，从数据来看差距不是一星半点。信息产业基础设施建设的滞后已经成为拖累中国信息消费发展的主要因素之一，毕竟"巧妇难为无米之炊"，作为信息消费领域基础的条件之一，条件不具备的情况下，势必会影响信息消费的发展。

2. 信息消费产品服务创新能力不强

信息消费产品服务创新能力不强是目前中国信息产业的通病，信息产业产品服务创新能力不足导致消费者个性化以及多元化的信息产品服务要求得不到满足。随着社会的不断发展，人们对于信息服务产品服务的需求更加多元，如果产品服务创新不能够满足消费者的需求，必然会对信息消费的发展产生抑制作用。中国信息产品服务创新能力不足主要有三个层面的原因：首先是中国在信息技术层面没有掌握核心技术，技术原创能力不足。中国的信息技术领域方面的技术基本上都是从西方发达国家引进，信息企业在技术创新投入方面严重不足；其次，国家在信息行业基础性技术研究方面投入不足的同时，给予的政策支持也不够，导致基础性的信息技术始终不能获得突破；最后，就是相关信息技术专业人才匮乏，高素质的信息技术领军人才缺失，极大地影响到信息产品技术的创新。

3. 信息产业数字鸿沟负面影响

数字鸿沟对于中国信息消费需求的培育以及扩大也是一个巨大的瓶颈。所谓的数字鸿沟，不同地区之间在信息发展水平方面的差异，中国与发达国家之间存在巨大的数字鸿沟，发达国家凭借信息优势在国与国之间的竞争中获得了很大的竞争优势，并呈现出信息资源聚集的"马太效应"。中国长期以来实施的是二元城乡体制，由此导致城乡之间的差距越来越大，这一点在信息化的发展水平方面也同样存在，城乡之间的数字鸿沟不断加大。数字鸿沟的出现对于信息消费需求的持续壮大是一个负面的影响，毕竟一方面是少部分地区的信息化水平遥遥领先，另外一方面是大部分地区信息化水平的发展乏力，长此以往，定会阻碍信息消费规模的扩大。

4. 信息消费公共服务水平偏低

公共服务水平偏低对于信息消费的培育与扩大也会产生较大的负面影响。政府在信息消费的公共服务方面承担着主要责任，中国政府在信息消费公共服务方面存在诸多不足。一是公共信息资源共享服务不到位。公共信息的社会化利用程度偏低，这导致信息资源不能得到有效利用，社会效益不够明显。二是民生领域的信息化水平偏低。在公共交通、医疗保健、网络教育等领域信息化没有得到有效的普及。这不仅影响到居民对信息化服务的体验，同时对于信息消费的长远发展也是一个不利影响。三是城市的信息化水平低。在智慧城市成为很多国家和地区城市发展的背景下，中国一些城市虽然在智慧城市建设方面进行了一些探索，大部分城市因为对于智慧城市投入力度不够，信息化程度较低，智慧水平不高，这对于信息消费的发展也是一个不利的影响。

5. 信息消费环境不佳

中国信息消费尚处于一个起步阶段，信息消费的整体环境不佳，大大影响到信息消费需求的发展。中国信息消费环境的不佳主要表现在以下几个方面。一是信息消费市场不健全。信息消费市场是信息交换的场所，其完善与否会直接影响信息消费的发展，中国信息消费市场不健全及相关规章制度不健全，导致信息市场的效率不高，知识产权保护力度不够，行业管理不够规范等，这都给信息消费的发展带来了冲击。二是消费者信息权益保护不到位。中国没有专门的法律法规去保护消费者的信息安全、信息权益等，在消费者权益受损得不到维护的情况下，必然会挫伤消费者的消费积极性，影响到信息产品服务的消费。三是信息安全环境不佳。信息安全得不到有效的保障，身份认证、网络认证、个人信用体系建设滞后等。

四、培育与扩大信息消费需求的路径选择

未来信息消费是中国经济发展的基本推动力之一，对于信息消费需求的培育与扩大要引起有关部门的高度重视。考虑到目前中国信息消费需求扩大面临的种种问题，结合西方发达国家在信息消费需求培育与扩大方面所形成的经验，结合中国的实际情况进行变通，充分利用后发优势，推动信息消费的蓬勃发展需要从以下几个方面不断努力。

1. 加快信息基础设施演进升级

加快信息基础设施演进升级是进一步培育与扩大信息消费需求的前提基础。中国的信息基础设施建设力度虽然很大，但是依然存在很多的不足，针对信息基础设施建设中的诸多问题，未来我国要在以下几个方面不断努力来完善信息基础设施的演进升级。首先要根据"宽带中国"战略加快网络基础设施的建设。一方面要不断地提升宽带速度；另外一方面要不断地扩大网络的覆盖范围，持续推进互联网试点城市建设，对于以云计算、大数据、互联网为代表的下一代网络基础设施加大支持力度。其次是加快移动通信从 2G 向 3G 的转变，大力支持 3G 网络的建设，同时尽快地部署 4G 网络，把握移动通信网络建设的最新发展趋势。最后是注意加快 3 网融合工程步伐。在对 3 网融合城市试点经验进行总结的基础之上向全国进行推广普及，实现电信与广电的融合，做到广电网络与电信网的共享，为居民信息消费需求创造更好的条件。

2. 增强信息产品持续创新能力

面对居民信息产品消费需求的多样化，增强信息产品的持续创新能力是中国信息消费不断壮大的必然选择。中国传统的信息消费内容非常单一，在信息产品持续创新能力的增强方面要做好以下几方面工作。一是要不断地拓展信息服务的新业态、新种类，大力发展移动互联网产业，出台各项鼓励政策来让企业加大信息产品的创新，大力支持互联网在重点领域以及民生领域的应用。二是进一步丰富信息服务内容，满足居民信息消费增长需要。注重数字音乐、动漫游戏、数字出版等数字文化的消费内容，

第二章　以信息基础设施演进升级为契机，培育与扩大信息消费需求

依托网络信息文化平台，鼓励各类企业进行信息消费的创新。三是拓展电子商务发展空间。电子商务的发展潜力巨大，政府要做好农村地区以及偏远地区的物流配送建设，鼓励互联网与传统金融机构的融合，开发出来各种新的信息服务产品。四是要加强各类信息产品智能终端的技术创新，目前，中国在各类智能终端产品方面技术研发能力较低。如个人计算机、智能手机等方面技术能力薄弱，国家要鼓励这些企业进行技术创新，开发出更多的适合消费者要求的终端产品。五是增强电子基础产业的创新，在面板行业、芯片行业、集成电路等领域，国家要加大投资，实现基础性技术的突破，解决信息产业企业普遍面临的技术瓶颈。

3. 提升公共服务信息化的水平

在构建服务型政府的现实背景下，提升信息消费方面公共服务水平对于信息消费需求的持续增长具有重要的促进作用。当前，中国信息消费公共服务水平还比较低，在信息消费公共服务方面重点需要做好以下几个方面的工作。一是加强公共信息资源共享建设，鼓励采用市场机制介入公共信息资源共享开发利用领域，进一步提升公共信息资源的利用效率，增加社会收益。政府要构建公共信息服务平台，加强各个部门之间的合作力度，实现公共信息服务水平的提升。二是注意在民生领域加强信息技术的使用。要在医疗保障领域推进信息化，构建居民健康卡、就诊信息库，实现异地就诊报销等。在就业领域构建公共信息服务平台，为居民提供更多的就业信息，帮助居民拓展就业门路。三是加快城市信息化水平，构建数字城市、智慧城市，让城市居民享受到更加完善的服务。

4. 加大信息产业政策支持力度

培育与扩大信息消费需求不可绕过的一个课题是信息产业的蓬勃发展。信息产业作为信息产品服务供给主体，其发展是否健康有序直接影响信息消费需求的扩大。中国信息产业的规模在世界范围内来说是名列前茅的，但是大而不强是中国信息产业的真实写照。整个信息产业行业的发展，国家通过信息产业政策支持力度的不断扩大，实现从量变到质变、从低端到高端的发展转变。国家在信息产业政策支持方面要重点做好以下几个方面的工作。一是要注重行政管理审批改革。政府本着有所为有所不为的基本原则，将凡是市场能够解决好的问题都交给市场，释放出来更多的企业发展活力，为信息产业企业提供更完善的服务。二是加强财税政策的支持。凡是被认定的高新技术的企业给予税收减免优惠，同时对于企业的研发支出允许进行税前扣除，鼓励企业增加研发投入。三是注意信息产业的整合，政府给予行业龙头企业提供金融支持，鼓励其进行产业并购，从而实现信息产业集中度的提升，壮大信息企业的实力，减少恶性竞争。

5. 注重信息消费环境持续改善

营造一个良好的信息消费环境对于信息消费需求的不断壮大具有事半功倍的作用。针对中国信息消费环境的缺陷，当务之急是要做好以下几个方面的改善工作。一是要注重个人信息的保护。国家要出台相应的个人信息保护的法律制度，加大对于泄露个人信息行为的打击力度，规范一些企业对于个人信息的使用。同时要进一步完善社会诚信体系建设，构建起一个完善的个人信用库，为有序的信息消费市场的建设创造良好的条件。二

第二章　以信息基础设施演进升级为契机，培育与扩大信息消费需求

是加强知识产权保护。知识产权保护的不力带来的是对中国信息产品服务创新能力的损害。国家要进一步加大知识产权的保护力度，提升企业在信息产品、技术方面的创新积极性。同时对于各种危害信息消费市场秩序的行为加大打击力度，营造规范有序、公平竞争的市场环境，促进信息产品服务的供需两旺。三是构建安全诚信的信息消费环境。身份认证、网络认证等是信息消费的重要条件之一，加强信息消费安全认证创新，可以减少消费者信息消费的后顾之忧，鼓励企业开发出安全可靠的信息产品服务，推进独立第三方安全评估监控机构的建设，落实信息安全等级保护制度，加强网络与信息安全监管，提升网络与信息安全监管能力和系统安全防护水平。

当前以及未来相当长的一段时间内，信息消费将会在中国经济社会发展中起到越来越大的作用。中国政府有关部门要高度重视信息消费的培育与扩大，利用信息基础设施演进升级的有利契机，实现整个信息消费规模以及质量的提升，为中国经济方式转变、产业机构升级、经济持续发展、改善民生等创造良好的条件。

第三章　新型工业化与信息化深度融合路径探析

中国资源和环境约束问题日益突出，工业转型升级迫在眉睫。现实形势要求中国工业化不能再走发达国家先工业化后信息化的老路，必须根据中国的实际情况探求新的发展模式。党的十八大报告强调新型工业化要与信息化深度融合，坚持走新型工业化、信息化、城镇化、农业现代化道路。实践证明，大力推进信息化与工业化融合，可以转变经济发展方式，促进工业转型升级，建立现代产业体系，推动"中国制造"向"中国创造"发展。

一、"两化融合"理论与实践的内涵

产业融合是在技术进步和时代发展的情况下出现的，表现在产业原有固定边界逐步模糊直至消失，多个产业由于大量业务交叉，以及多个企业由于战略联盟、并购、重组而造成原有产业在技术融合的基础上，相互交叉、渗透，重新组织形成新的产业，或者原有产业具有新的内涵和范围，最终导致社会经济系统的深刻变化。它是时代变迁在产业层面上的表现。信息化与工业化融合属于产业融合范畴，是产业融合的重要组成部分，是在企业、产业、社会的信息化与工业化过程中产生和发展起来的。当前，信息技术更新换代、日新月异，信息技术创新和基于信息技术的商务运作创新不断涌现，信息化对信息技术落后国家产生倒逼机制。信息融合型产业逐步壮大，信息产业在国民经济中占据重要地位。全球经济趋于一体化，我国面临信息化、工业化挑战以及产业结构亟须优化升级的现状。在此背景下，国家提出了信息化与工业化融合（两化融合）的战略决策。

1. "两化融合"的提出

党的十六大报告提出"要坚持以信息化带动工业化，以工业化促进信息化，走出一条科技含量高、经济效益好、资源消耗低、环境污染少、人力资源优势得到充分发挥的新型工业化路子"。① 党的十七大报告提出，必须"全面认识工业化、信息化、城镇化、市场化、国际化深入发展的新形势、新任务"，同时首次明确提出，"发展现代产业体系，大力推进信息化与工业化融合发展"。② 这是信息化首次列入"五化"之中，并位于"工

---

① 江泽民. 全面建设小康社会，开创中国特色社会主义事业新局面 [J]. 求是，2002（22）：1439.
② 胡锦涛. 高举中国特色社会主义伟大旗帜 为夺取全面建设小康社会新胜利而奋斗 [J]. 求是，2007（21）：11.

业化"之后。至此,信息化与工业化融合战略正式提出。党的十八大报告进一步强调提出,"坚持走中国特色新型工业化、信息化、城镇化、农业现代化道路,推动信息化和工业化深度融合。"①

2."两化融合"的内涵

两化融合是指电子信息技术广泛应用到工业生产的各个环节,信息化成为工业企业经营管理的常规手段。信息化进程和工业化进程不再相互独立进行,不再是单方的带动和促进关系,而是两者在技术、产品、管理等各个层面相互交融,彼此不可分割,并催生工业电子、工业软件、工业信息服务业等新产业。两化融合是工业化和信息化发展到一定阶段的必然产物。两化融合发展的特征是全方位、多层次、跨领域、一体化。信息化不只是与某个门类工业融合,而且是与所有工业门类都融合。信息化不只是与工业企业的某个环节融合,而且是与采购、设计、生产、销售、客服等多个环节融合。两化融合不仅体现在技术、产品层面,还体现在管理、产业层面。此外,两化融合把生产和管理紧密地结合起来,实现管控一体化。

3."两化融合"的本质

信息化与工业化融合的本质,就是在我国当前的现代化进程中,采取工业化与信息化"两步并一步"的策略,在工业化过程中广泛、深入地采用信息技术、信息设备与信息产品,发挥信息化"助推器""倍增器"和

---

① 胡锦涛. 坚定不移沿着中国特色社会主义道路前进 为全面建成小康社会而奋斗 [N]. 人民日报, 2012. 11. 09(02版).

第三章 新型工业化与信息化深度融合路径探析

"催化剂"的功能,促进融合型产业发展,使信息化与工业化都得到快速、健康发展,从而促进经济、社会的快速发展,提升我国的国际竞争能力。

二、"两化融合"的意义

"两化融合"让"工业化"和"信息化"两架马车结伴而行,是因为它们都是驱动经济社会发展的核心内生变量。信息化与工业化融合是经济社会发展的内生需求。信息化和工业化是紧密相连的,现代化过程既要实现工业化,又要实现信息化。工业化是具备了信息化能力的工业化;信息化是装备了工业化的信息化。工业化是母体、环境、源泉和基础,是信息化的应用领域和重要载体,同时也为信息化发展提供物质、能源、资金、市场等方面的基础条件;信息化是工具和手段,是工业化的助力,是提升工业化的重要动力。两者是相互需求、相互促进、相互提升、相互趋近的螺旋式上升关系。

1. 有利于转变经济发展方式

加快转变经济发展方式,促进经济增长由主要依靠投资、出口拉动向依靠消费、投资、出口协调拉动转变;主要依靠第二产业带动向依靠第一、第二、第三产业协同带动转变;主要依靠物质资源消耗驱动向主要依靠科技进步驱动、劳动者素质提高驱动、管理创新驱动转变。这是适应全球需求结构重大变化、增强我国经济抵御国际市场风险能力的必然要求,是提高可持续发展能力的必然要求,是在后国际金融危机时期国际竞争中抢占制高点、争创新优势的必然要求。而加快经济发展方式转变重点工作之一就是加快推进产业结构调整,适应需求结构变化趋势,完善现代产业体系,加快推进传统产业技术改造,加快发展战略性新兴产业,加快发展服务业,促进三次产业在更高水平上协同发展,全面提升产业技术水平和国际竞争力。

"两化融合"是工业转型升级的驱动力。推进"两化融合",有利于加快转变经济发展方式,推进产业结构调整,构建现代产业体系。如利用行业信息平台、电子商务、协同商务等信息化手段,可以促进第一、第二、第三产业协同发展。利用电子信息技术,可以对传统工业进行技术改造。利用网络、多媒体等电子化学习手段,可以提高劳动者素质。利用 ERP 等管理软件,可以促进管理创新。我们不能走发达国家先工业化、后信息化的老路,只有将信息化的时代特征与工业化的历史进行紧密结合,加快转变增长方式、调整产业结构,才能使我国工业在世界经济结构调整中把握发展主动权,提升国际竞争能力。

2. 有利于提升自主创新能力

我国工业大而不强,自主创新能力较弱,一些核心技术和关键技术受制于人。以装备制造业为例,尽管我国装备制造业取得了很大的发展,但创新能力弱导致的进口依赖和出口结构问题依然突出,产业安全风险增加。其中光纤制造装备、集成电路芯片装备制造、石油化工装备的进口依赖程度最高。轿车工业装备、数控机床、纺织机械、胶印设备的市场也有一半以上被国外产品占领。自主创新能力弱,严重制约着我国装备制造业

第三章 新型工业化与信息化深度融合路径探析

的可持续发展和国际竞争力的提高①。

推进"两化融合",有利于提升研发设计信息化水平,增强我国工业自主创新能力。利用信息化手段,研发设计人员可以在虚拟环境中进行协同设计、优化分析、性能测试、过程仿真和虚拟装配等,把计算机运算的快速性、准确性同研发设计人员的创新思维、综合分析能力有机地结合在一起。模拟和预测产品功能、性能及可加工性,缩短研发周期,降低试制成本,降低研发风险。如东方电机公司通过虚拟设计、仿真试验技术的应用,成功研制设计出700兆瓦级巨型混流水电、1000兆瓦级核电、1000兆瓦级火电等代表业务高端技术的产品,年设计制造能力提高了1倍,设计水平和产品质量显著提高②。此外,"两化融合"还可以促进企业业务流程优化和商业模式创新。

3. 有利于促进节能降耗减排

综合考虑环境影响和资源效率,推行绿色制造技术、走绿色发展的道路,是现代工业的必由之路。与世界先进水平相比,中国单位产出的能耗和资源消耗水平、废弃物排放水平明显偏高。2010年,中国万元GDP能耗降至0.82吨标煤,但仍比发达国家高很多。火电供电煤耗比国际先进水平高22.5%,大中型钢铁企业吨钢可比能耗高21%,水泥综合能耗高45%,乙烯综合能耗高31%,石化、电力、钢铁、有色、建材、化工、纺

---

① 吴启金,殷轶良. 自主创新能力弱 装备制造业亟待从产业链低端突围[N]. 中国工业报,2007.04.03(A02版).
② 许华,朱会伦. 十年赶超 一剑成名——东方电机公司科技创新赶超计划发展纪实[N]. 中国工业报,2011.07.27(003版).

织主要产品单位能耗平均比国际先进水平高出40%。我国每增加单位GDP的废水排放量比发达国家高4倍，单位工业产值产生的固体废弃物比发达国家高10多倍。国内生产总值占世界的比重不到10%，但消耗的世界能源、钢铁和水泥却占世界的18%、44%和53%；化学耗氧量、二氧化硫、二氧化碳排放量位居世界前列。

随着信息技术的飞速发展，信息化为中国节能减排提供了新的手段。如在炼铁、炼钢、轧钢等工艺中，利用计算机控制技术可以实现自动化、精确化生产作业，减少能源、原材料的消耗和污染物排放。在建材生产设备上安装变频装置，可以有效节煤、节电、节水，减少污染物排放。在火力发电厂利用计算机仿真技术对燃料掺烧比例、煤种、灰分等进行优化配置，可以使煤炭燃烧最充分①。实践表明，通过对钢铁、石化、有色、建材等高能耗行业的主要耗能设备和工艺流程进行信息化改造，对企业能源、资源的消耗情况进行实时监测、精确控制和集约利用，引导工业企业建立能源管理中心，推广能耗合同管理、节能设备租赁等新机制，工业领域的节能减排可以取得显著成效。

4. 有助于发挥人力资源优势

在我国加入WTO、参与国际经济竞争之后，"三农"问题更加突出。根据测算，我们5亿多农村劳动力，这些年进城一两千万，乡镇企业发展吸纳了1亿多，目前土地上还有3.4亿人，中国一共18亿亩耕地，需要多

---

① 李国志. 基于技术进步的中国低碳经济研究［D］. 南京：南京航空航天大学，2011：210.

少人种,调查显示,大体上一个18到44岁的农村整劳动力,一天按8小时工作日算,平均种10亩地没有问题,也就是18亿亩耕地最多需要1.8亿农民,也就是还有1.6亿人等于失业,他们随时准备冲击城镇或乡镇企业的劳动力就业市场①。如何解决农村剩余劳动力就业问题,促进产业结构调整,进一步提高劳动者素质已成为当前面临的重要问题。此外,第一产业、第二产业同样存在劳动者素质有待进一步提升的问题。

信息化与工业化融合发展可以将农村剩余劳动力转移到新兴的融合型产业以及信息产业、工业当中去,可以实现农村收入的增加,同时实施农业信息化,可以有效提升农业生产效率,增加农业生产附加值;另一方面也可以为城市发展提供大量物质产品和精神产品,做到城市和农村的协调发展。

总之,大力推进"两化融合",有利于发展资源能源节约型、环境友好型的新型工业,有利于发展循环经济、低碳经济、绿色经济,有利于加快形成低消耗、可循环、低排放、可持续的产业结构和生产方式,有利于保障我国能源、资源安全。

三、"两化融合"的重点、难点与方向

积极推进信息化工业化融合,需要理清"两化融合"的实施体系。因此,我们需要根据信息化与工业化融合具有不同的层次性和逐步渗透、深

---

① 孙迪亮. 改革开放以来中国共产党的农民物质利益思想研究[D]. 曲阜:曲阜师范大学,2012:151.

入发展的特点,把握"两化融合"的重点与难点,根据各产业的实际情况,找准"两化融合"的切入点。

1. 实现"两化融合"的三个层次

推进"两化融合"要从宏观、中观、微观三个层次进行,即从区域、行业、企业三个层次来推进"两化融合"。(1)区域层次。主要是各级地方工业和信息化主管部门制定"两化融合"政策,编制两化融合发展规划,组织开展两化融合试验区、示范区等建设,组织实施一批两化融合项目,开展两化融合培训和交流等。(2)行业层次。主要是各级地方工业和信息化主管部门推进信息化与本地支柱产业、重点产业的融合发展,各大行业协会开展两化融合宣传、培训,发掘、总结、提升、推广"两化融合"典型经验,开展本行业"两化融合"评估工作,对本行业企业信息化进行指导。(3)企业层次。主要是围绕工业产品研发设计、生产过程控制、企业管理、市场营销、技术改造等环节推进"两化融合"。

2. 实现"两化融合"的重点

(1)实现传统工业的改造升级,充分发挥信息技术在改造传统产业过程中的"倍增器""催化剂""助推剂"和节能减排作用。由于传统的科技含量低、经济效益低、资源消耗多、环境污染严重等旧的粗放型经济增长方式已难以为继,通过信息化改造,走新型工业化道路已成为一项紧迫而至关重要的任务。(2)推动制造业的信息化的融合,尤其是加快装备制造业信息化的步伐。制造业是工业化的基础,装备制造业将为其他各个行业提供生产装备。因此,推动制造业与信息化之间的融合,加快装备制造

第三章 新型工业化与信息化深度融合路径探析

业信息化步伐,是推动整个工业与信息化融合的关键所在。(3)推动融合型产业发展,以及生产型服务业与信息化之间的融合。新兴的融合型产业是国民经济新的经济增长点,代表了时代发展的方向;生产型服务业与信息化的融合,可以提高生产型服务业的水平,提供较丰厚的利润。(4)"两化融合"型人才培养和增强企业自主创新能力。信息化与工业化融合所能达到的深度和所能取得的效果,取决于企业的"两化融合"人才的能力,以及企业的自主创新能力。提高企业人才水平,培育和增强企业自主创新能力,将大大促进企业"两化融合"水平,实现企业综合竞争能力的增强。

3. 实现"两化融合"的难点

(1)对于企业来说,需要降低"两化融合"实施风险,增加实施"两化融合"绩效。通过实施"两化融合",要切切实实地提高企业生产效率、改善企业生产经营绩效、增强企业综合竞争能力,要把实施"两化融合"落到实处。对于企业来说,实施"两化融合"是有风险的,因此,企业要对实施"两化融合"战略进行重点规划,落实保障措施,投入资金、技术和人力,以保证"两化融合"顺利实施并取得良好绩效。(2)转变传统的生产经营方式、传统的思维方式等。"两化融合"必将带来企业生产经营方式的改变,通过工业与信息化的融合,催生出企业新型生产经营方式和可持续发展模式。在 ERP 实施过程中,就存在这样一种说法:"三分技术,七分人"。"两化融合"也一样,要想顺利实施并取得良好绩效,三分靠的是技术,七分靠的是实施后传统生产方式的转变,以及传统经营、管理思维方式的转变,从而最终形成企业核心竞争能力。例如,雅戈尔集团通过实施"两化融合",改变了旧的生产、经营、管理方式,最终实现了企业经营模式质的飞跃[①]。再如,青岛红领集团通过实施"两化融合",建成了覆盖人类99%的正装版型数据库,数据库包括西服上衣、西裤、大衣、马甲、衬衣五大类近5亿个版型,为客户提供高级个性化MTM定制服务,这完全改变了青岛红领集团传统的经营模式和经营思路[②]。

4."两化融合"的重点方向

从产品的角度推进"两化融合",提高产品的信息技术含量、智能化水平和附加值;从产业集群的角度推进"两化融合",提高集群内中小企业信息化的整体水平,发挥行业龙头企业对中小企业的带动作用;从集成应用的角度推进"两化融合",促进企业的信息共享和业务协同,包括企业内部部门的协同和与产业链上下游企业的协同;从新技术应用的角度推进"两化融合",在工业领域推广互联网技术,发展工业互联网;建设面向工业企业的云计算、云服务平台;从两业融合的角度推进"两化融合",围绕先进制造业和现代服务业融合推进"两化融合",把"两化融合"作为制造业服务化、服务业产品化的重要手段;从产业衍生的角度推进"两化融合",积极培育支撑"两化融合"的信息化服务业,如工业软件研发、电子商务服务、企业信息化咨询等。

---

① 张昕煜. 服装企业"两化融合"实施问题与对策研究 [D]. 北京:北京服装学院,2012:31.

② 张昕煜. 服装企业"两化融合"实施问题与对策研究 [D]. 北京:北京服装学院,2012:42.

第三章 新型工业化与信息化深度融合路径探析

四、推进"两化融合"的路径选择

"两化融合"的深入开展对于我国产业结构的调整、信息化与工业化的发展、国家综合实力的增强具有重要战略意义。当前,我国已经建立完整的工业体系,为信息化带动工业化创造了必要条件;信息产业的发展为信息化带动工业化奠定了基础;信息技术产业增强了人们的创新能力,提高了劳动效率。但是,传统工业信息化水平较低;信息产业基础薄弱,核心技术受制于国外;全社会整体信息化意识差、普及率低;网络屏障多,资源不能共享;企业信息化尚无统一规划和标准,尤其是企业信息化缺乏行业标准;信息化人才缺乏等,都成为制约"两化融合"深度融合的瓶颈。为此,我们必须:

1. 创新信息化管理体制,为信息化带动工业化创造良好的组织条件

我国目前的信息管理体制制约着信息化带动工业化的进程,必须进行信息管理体制、组织方式的变革。没有良好的组织制度、公平竞争的市场环境、企业家创新精神和对知识产权有效保护的法律体系等,就不可能实现信息化带动工业化的目标。信息管理体制需要集中、统一,建立以反垄断、培育和维护信用、保护知识产权、信息公开资源共享和保障信息安全为主要内容的新的信息化法制体系。①

---

① 李欣欣. 我国在信息化带动工业化过程中面临的问题及政策建议 [J]. 经济研究参考, 2001 (86): 36.

2. 推动企业信息化,为信息化带动工业化构建微观基础

企业信息化是指企业在各项生产经营活动中广泛深入地运用现代信息技术的过程。企业是信息化带动工业化的主体。企业在多大程度上进行信息化、使用什么样的方式进行信息化或者选择什么样的信息化内容,要根据企业所在行业的特征、企业自身的特征和竞争战略选择来决定。企业信息化不仅是一个信息技术应用的过程,而且是包括企业管理机制、组织结构,甚至管理者的思想意识等进行调整的过程。我国的企业信息化与发达国家差距是很大的,沃尔玛通过全球卫星系统,可以将每个地方、每个人、每种产品的交易情况在全球范围内汇总。要走信息化带动工业化之路,就必须推进企业信息化。

3. 建立信息化带动工业化发展的相关配套措施

从我国经济发展的大环境来看,不管是工业化的发展程度,还是信息化的建设水平,都存在地区差异和城乡差异的状况,这是由我国特殊的国情决定的,是历史积累的产物,也非短时间可以解决的。由于信息化带动工业化发展的战略是一个系统工程,需要多方面的配合,比如工业发展的信息化需要农业信息化的支持、农村剩余劳动力的转移和城市化进程影响信息化发展的程度等。所以还要注意不同地区、城乡之间经济建设的协调发展,促进国民经济整体信息化水平的提高。只有这些相关的配套措施才能得以有效的实施,信息化带动工业化发展的进程才有可靠的基础支撑。

4. 提高工业对信息化与信息技术的吸收与应用水平,增强信息化带动工业化效应

由于工业的不同部门、不同的加工环节、不同的发展阶段对信息技术

第三章　新型工业化与信息化深度融合路径探析

的反应、吸收、利用是有差异的,因此,在信息化初期应选择系统性条件较好的部门、企业或生产环节,通过刺激其信息需求的办法,进行信息化改造,形成信息化与工业化的良好互动,从而达到既促进原有工业部门在技术层面与组织管理层面的升级,又以自身的信息需求动力推动信息部门的产业化成长。这样,也可为其他部门和企业的信息化树立榜样,增强应用信息化的信心。

5. 重视人才工作,构筑高层次信息人才平台

全面加强信息产业高层次人才队伍建设,加快信息技术带头人的培养,建立以企业信息主管为首的、精干的多层次信息化管理和技术队伍。充分发挥人才聚集的优势,采取积极有效的措施,促进科研成果向现实生产力的转化。实施多层次的信息化人才教育培训计划,充分发挥专家组的作用,加强信息化带动工业化建设项目的评估、监理和技术支持工作,为企业信息化做好咨询服务。政府部门要加强引导,整合资源,做好官、产、学、研一体化的激励政策,落实具体的实施细则和措施,充分引导企业、高校、科研机构实施"两化融合",在人才引进、融资投资、土地、税收等方面的倾斜政策、引导企业、高校、科研机构共同深入推进"两化融合"。

由于"两化融合"是一个复杂的系统工程,因此,要进一步建设"两化融合"示范区、示范企业,推广"两化融合"经验;制订和完善"两化融合"相关政策、法规,推进内生动力机制建设;加强知识产权保护,积极保护"两化融合"知识成果;建立和完善实施"两化融合"中介服务机构，提高服务水平；建立"两化融合"评价指标体系，实施绩效考核；加强各层次之间的交流与合作，使之形成发展的合力，以利于信息化与工业化在技术、产品、业务、产业四个方面进行深度融合。

第四章　港口群与腹地经济空间良性互动新路径分析

港口是位于河、海、湖沿岸的供船舶停靠补给、转载卸货、中转作业的场所。港口群是指地理位置相近、腹地空间重叠，既有功能互补、又有竞争关系的多个港口集合体。腹地空间是指港口的货物吞吐以及人员集散所波及的区域。任何港口的发展都离不开经济腹地的坚实支撑，港口是门户，腹地空间是基础，只有基础坚实，才能助推港口的快速发展。目前国内外学者对于本课题的研究虽然汗牛充栋，但是随着港口群与腹地空间经济互动出现各种新的变化以及新的情况，既有的研究显得有所不足，难以为港口群与腹地空间的良性发展提供足够的理论支撑，因此选择本题目进行深入研究具有重要的理论意义。与此同时，海洋强国战略以及新型城镇化战略背景之下，对于港口群与腹地空间经济发展这一课题进行研究，对于拉动中国经济的持续发展，构建海洋强国以及推进新型城镇化建设的步伐具有重要的现实意义。

一、港口群与腹地空间经济互动作用过程

港口群与腹地空间经济的互动是一个不断演化的过程，这其中有量变也有质变，通过对众多地区港口群与腹地空间经济互动作用过程进行调查发现，基本上可以将这一互动作用过程归纳为初始、成长、成熟以及衰退四个阶段。

（一）初始阶段

在初始阶段，港口群与腹地空间经济的互动中，港口群发挥的是主导作用，港口凭借自身优越的交通优势带来了大量的物流、人流的聚集。毕竟在目前主流的货物交通运输中，水运成本是最低的，并因此带动了腹地空间的发展。不过这一阶段港口的主要功能仅仅局限在货物的装载运输、转运等方面，功能比较单一，港口群与腹地之间的经济联系基本上就是腹地服务于港口的运输而衍生出来的服务行业，帮助港口正常发挥货运功能。初始阶段，港口群对于腹地空间的经济促进作用不大，腹地空间基本上是港口群主体功能的区域延伸，腹地空间对于港口的依存度比较高，但是对于港口的促进作用也比较有限。初始阶段港口群与腹地经济空间二者之间经济互动无论是从广度上还是从深度上来看都存在不足，双方之间的拉动作用不够突出，同时这一阶段港口群与腹地空间的互动中，港口群占据相对主动的地位。

第四章 港口群与腹地经济空间良性互动新路径分析

（二）成长阶段

随着港口群与腹地空间经济互动作用的进一步增强，港口群与腹地空间之间的相互依赖程度越来越强。腹地空间对于港口群的促进作用开始不断地彰显，受益于港口群所带来的货物运输优势，腹地空间开始逐步大力发展工业。一方面，对于各类原材料的需求的旺盛；另外一方面是成品需要通过港口转运出来，一进一出之间都需要借助于港口的运输功能，这极大地推动了港口群的发展，这主要表现在港口的吞吐量不断攀升、港口的基础设施建设不断完善等方面。随着港口规模的扩大，港口各种功能更加丰富，除了运输以外，船舶维修、贸易代理、金融服务等行业蓬勃发展，这些行业反过来又进一步地促进了腹地空间的经济发展。相比于初始阶段，港口群与腹地空间的经济联系更加深化，突出的表现在腹地空间对于港口群的经济拉动作用，但是这一阶段港口群依然是二者之间经济互动的动力基础。

（三）成熟阶段

成熟阶段的标志在腹地空间经济已经从原来的港口导向向着多元化的方向发展，港口导向产业的链条不断拉长，相关产业进入一个快速发展的阶段，腹地空间对于港口群的依存程度有所下降，腹地空间经济的发展逐渐摆脱了港口群的制约。这一突出的表现在这一阶段港口群的吞吐量增速下滑，但是质量、效率等层面相比以往不断优化。在腹地经济这一方面，与港口密切相关的产业进入调整阶段，而与港口关系没有太多直接联系的产业，例如科教文卫等行业进入黄金发展阶段，腹地空间依托于自身的优势已经形成多元化的产业类别。这一阶段，港口群的发展速度相比以往大大减弱，而且不同港口之间腹地空间的重合区域越来越大，港口之间的竞争不断加剧。虽然港口群与腹地空间之间的经济互动依然频繁，但是这一阶段发挥主导作用已经是腹地空间，腹地空间的大小、规模、潜力成为决定港口群发展壮大的主要因素。

（四）衰退阶段

进入衰退阶段之后，港口群对于腹地经济的影响不断下降，二者之间的经济互动处于一个衰退周期，港口功能已经融入城市整体功能之中。如新加坡和我国香港等城市都已经将港口作为城市整体功能的一部分进行统筹安排，形成了整个城市完善的功能搭配。不过不容否认，港口依然是拉动腹地经济发展的重要动力之一，同时腹地经济的发展对于港口发展来说也是一个极大的利好。港口群与腹地空间经济互动作用过程中，二者地位发生了反转，港口的发展对于腹地空间的依赖程度加重，而腹地空间对于港口群的依赖程度下降，在这一阶段，对于港口群来说，要善于从腹地经济发展中寻求机遇，为自身的发展注入更多的动力。

二、中国港口群与腹地空间经济互动类型

中国目前有长三角、珠三角以及环渤海三大港口群，这三大港口群以及腹地空间占到中国 GDP 总量的 80% 以上，涵盖了 70% 以上的人口。长期以来，长三角、珠三角以及环渤海三大港口群都是拉动中国经济快速发展的三大引擎。中国这三大港口群与腹地空间经济互动有相同的地方，也

第四章　港口群与腹地经济空间良性互动新路径分析

有不同的地方，本文对这三种港口群与腹地空间经济互动类型进行如下分析。

（一）长三角地区港口群以及腹地空间

长三角是中国经济发达的地区之一，长江被誉为中国的黄金水道，长三角依托优越的水域优势，目前已经成为中国港口最为集中的区域之一。长三角港口群无论是在数量层面，还是在规模层面，远远领先于中国的其他区域。统计数据显示，长三角港口群的货物吞吐量约占到全国的30%以上。以上海港为龙头，囊括南京、杭州、舟山等众多港口的长三角港口群对于腹地空间的拉动作用非常明显，长三角港口群与腹地空间经济互动类型属于典型的港口群拉动模式。长三角港口群依托于长江黄金水道，加上濒临沿海的区位优势，各种物质能够以较低廉的运输成本流动到经济腹地空间，借助于港口以及港口城市的拉动作用，长三角港口群的腹地空间经济增速明显高于其他区域。以该地区的港口城市宁波为例，该城市的崛起就属于典型的港口拉动模式，长期以来，宁波经济发展并没有太大起色，改革开放以后，随着中国进出口贸易的蓬勃发展，宁波港作为一个货物运输中转枢纽得到快速的发展，经济规模不断跃升，成为典型的受益于港口发展的城市。

（二）珠三角地区港口群以及腹地空间

珠三角是中国改革开放的前沿阵地，珠三角港口群的一个典型特点就是出口导向。珠三角对外贸易发达，其进出口贸易约占到中国进出口贸易总额的三分之一。珠三角的港口主要包括深圳、珠海、汕头等，珠三角港口的发展动力主要来自于对外贸易。改革开放以后，珠三角凭借政策优势以及区位优势成为"三来一补"贸易的主阵地，大量的进出口随之拉动了港口群的发展。珠三角的港口群与经济腹地之间属于经济互动双向模式。一方面是港口群自身的交通区位优势大量地进口各种大宗货物，促进了腹地经济发展；另一方面，腹地经济发展又进一步推动了港口群的发展。以纺织品出口为例，在进口高档面料的同时，通过腹地的深加工然后出口，一进一出之间无论是对于港口也好，还是对于腹地空间也好都有良好的推动作用。

(三) 环渤海地区港口群以及腹地空间

环渤海的港口群主要包括以天津港为枢纽港、以青岛港为枢纽港和以大连港为枢纽港的小群，环渤海港口群是北方最大的港口聚集区，这些年来，随着环渤海经济圈的蓬勃发展，带动了的环渤海港口群的快速发展，环渤海地区的港口群与腹地空间之间的互动是典型的腹地经济拉动模式。环渤海地区的是中国经济增长极之一，该地区这些年在国家政策的支持下，发展速度明显高于其他地区，以曹妃甸为例，随着钢铁产业朝这一区域的不断转移，直接带动了曹妃甸港口的快速发展。

三、港口群与腹地空间经济协调发展新路径

针对当前中国港口群与腹地空间经济互动发展中存在的问题，在借鉴国外的城市群与腹地空间经济协调发展的基础之上，本文认为中国港口群与腹地空间要协调发展，需要做好以下几个方面的工作。

第四章 港口群与腹地经济空间良性互动新路径分析

(一) 优化港口群的协调分工

港口群高度聚集在一定的区域范围内,有着重叠的腹地空间,这种情况下,不同的港口之间难免就会产生竞争。中国目前各个港口建设方面存在规划盲目、定位重叠等情况。区域范围内的港口城市构成了恶性竞争关系,这种港口群规划建设不仅难以实现港口以及港口城市的健康发展,对于腹地空间的经济促进作用也必然会大大受到削弱。为了更好地实现港口群对于腹地空间的经济拉动作用,政府必须要在港口建设方面做好统筹规划,确保各个港口建设职能定位高度互补。针对不同港口的区位优势以及腹地空间经济结构进行不同的定位。在环渤海港口群的建设中,秦皇岛是以煤炭运输转运为主,曹妃甸港口重点是铁矿石运输,天津港则要发挥保税区的优势,定位为综合性的货物中转中心。通过准确的职能定位,让每一个港口都能够充分发挥自身的优势,实现对腹地空间经济拉动作用。除了不同港口之间做好分工之外,港口群还需要加强相互合作,不同的港口优势是不同的,同时与其他港口相比也存在相对劣势,要想实现港口群的整体发展,不同的港口之间必须要加强合作,优势互补,解决自身存在的短板,增强发展后劲。

(二) 推动临港产业快速发展

借助于港口的区位优势大力发展临港产业可以更好地带动腹地空间的经济发展。临港产业的发展中要注意筛选那些适合在港口区域发展的产业。临港产业并不适合所有的产业,只有能够充分地利用港口的运输优势,才能充分发挥港口的作用,并带来临港产业的发展壮大。当前中国在临港产业的发展方面还存在不足，港口的作用没有得到充分的发挥以及利用，未来通过大力发展临港产业可以为港口城市以及腹地空间的发展贡献更多的能量。在临港产业发展中，要利用港口作为运输枢纽，盘活国内外的资源以及市场，利用水运廉价的特点，大力发展钢铁、冶炼、出口导向等产业。青岛港临港产业就以大力发展石油化工行业为主，通过从国外进口原油，在港口附近直接进行深加工冶炼，然后出口到相关国家和地区，这种临港产业大大节省了原材料的运输费用，使得青岛的化工产业迅速成长，成为地区经济发展的增长极。在大力推进临港产业的发展方面，政府应构建临港产业园区，按照政府引导、市场运作的模式来引进各类企业，为临港产业的发展提供硬件层面的支撑，同时出台相应的政策加以引导，实现临港产业的健康发展。

(三) 大力发展现代物流业

港口群与腹地空间经济协调发展中，物流是一个不可回避的一环。大力发展物流行业，一方面可以拓展港口群的腹地经济空间；另外一方面可以为港口发展提供更多的支撑，对于协调港口群与腹地经济空间的发展具有不可替代的作用。港口本身在水运方面有着突出的优势，但是现代物流行业是水、陆、空三位一体立体式发展，对于各港口来说要大力发展现代物流行业，依托水运优势，积极拓展空运以及陆运，将港口城市打造成为区域物流中心。中国当前很多港口都没有形成完善的物流服务体系，物流运输形式单一、物流服务滞后，达不到一单到底的服务程度，这直接拖累了港口的发展潜力以及对于腹地空间的辐射带动作用。各个港口城市未来要将现代物流业作为重要的产业进行打造，通过在港口、铁路、公路、航空等基础设施建设方面加大投入力度，同时出台优惠政策来吸引国内外的物流巨头落地，拓展物流产业链，实现运输、仓储、加工等一体化，实现现代物流行业的跨越式发展。通过物流的发展来实现物资的快速转运，提升物流行业额附加值，为地区经济发展注入更多的活力。

（四）注重产业聚集区的打造

港口群与腹地空间经济互动发展中，港口以及腹地空间要注重产业聚集区的打造。产业聚集可以提高企业协作水平，有效降低生产成本。同时还可以充分利用产业聚集所带来的学习优势、资源优势、竞争优势，推动地区经济的发展。当前中国港口群以及腹地空间在产业集群建设方面还比较落后，不能够尽享产业聚集所带来的种种好处。针对这一情况，对于港口城市以及腹地空间来说要做好产业的规划引导，使得地区能够形成完整的产业链条，促成规模效应，带来更多的上下游企业聚集，实现港口的进一步发展。当然港口群在产业聚集区的打造方面要充分考虑到产业配套措施的建设，通过完善的产业聚集的硬件以及软件，为产业聚集创造更好的条件。

（五）提升港口城市的功能

在港口城市功能规划方面要进行提升以及完善，将港口功能整合到整个城市的功能之中，实现港口与城市之间的协调与搭配。对于港口城市来说，港口运输并不是其唯一的功能定位，毕竟港口运输并不足以支撑起来一个城市的长期发展，这客观上要求港口城市在功能层面要完善提升。具体来讲，港口城市功能的提升需要做好比较优势选择，城市功能必须要建立在比较优势基础之上，结合自身的比较优势来进行功能的定位。如香港这一港口城市就将自身的功能定位为国际金融、航运、购物中心。同时功能的提升要与港口的运输功能进行完美结合，将港口纳入到整个城市的功能定位中去，实现港口与城市的相互促进。

港口群与腹地空间经济相互作用，相互影响，港口群的良性发展会带动腹地空间经济的发展，腹地空间的持续壮大也会助推港口群的发展，同时港口群与腹地空间经济的互动是一个动态演变的过程。未来中国要注意把握港口群与腹地空间经济互动关系以及动态过程，在港口群的统筹规划建设方面坚持系统性、全局性、互补性的基本原则，确保港口之间的功能互补，协调发展，同时还要依托现代物流行业，加大临港产业的发展，借助于城市功能的提升，实现港口群与腹地空间经济协调发展，打造新的经济增长极，实现经济的平稳健康发展。

第五章　智能制造引领辽宁装备制造业产业升级探析

装备制造业是工业体系的核心。辽宁已形成较为完备的装备工业体系，但辽宁装备制造业存在产品技术对外依存度高、高端装备制造业发展滞后、产品附加值偏低等问题。加快装备制造企业的战略调整，大力培育和发展智能制造装备产业，以信息化为突破口，提升辽宁机械装备制造能力；以智能化为突破口，提高辽宁装备制造业的自主制造比例；以集成化为突破口，建设高端装备制造业示范基地；辅以适当的政策保障措施，是提升辽宁制造业转型升级的最优路径选择。

一、智能制造的发展业态

智能制造（Intelligent Manufacturing，IM）是一种由智能机器和人类专家共同组成的人机一体化智能系统。作为信息化与工业化"两化融合"的重要体现，智能制造装备未来无疑是高端装备制造业的重点面向之一。着力培育与发展智能制造装备产业，对于加快装备制造业转型升级、制造业由粗放型向集约型转化、提升装备制造业生产质量，减少能源资源损耗，实现装备制造的精密化、智能化有着深远的意义。

随着信息化与先进制造业的快速融合，我国智能制造装备的技术与领域广度日渐提升，以新型传感器、智能控制系统、精密和智能仪器仪表与试验设备、工业机器人、自动化成套生产线、关键基础零部件为代表的智能制造装备产业体系已经起步，一批具有知识产权的重大智能制造装备也有所突破。但是，作为一个培育与成长中的先进新兴产业，我国智能制造装备产业仍然有着较为突出的问题需要解决。主要表现为：技术创新能力不足，核心技术受制于国外；产业规模较小，产业组织结构较为涣散；产业基础偏弱，即使已经起步的装备制造类产品其市场份额仍少于5%。

当下，处于后工业化时代的制造业发达国家，正不遗余力地进行以技术创新引领产业升级，低碳环保、节约能耗、智能绿色已成为制造业发展的必然趋势，智能制造装备的发展已成为主要工业发达国家的主要竞争领域。"十二五"期间，我国国民经济的重点产业将应对转型升级的要求，对智能制造装备产业提出了更高更迫切的要求，也提供了巨大的市场空间。未来五到十年，将是我国智能制造装备产业发展的重大战略机遇期。

第五章 智能制造引领辽宁装备制造业产业升级探析

二、智能化是装备制造自动化的发展方向

装备制造业是工业体系的核心，是一个国家工业化水平与国际竞争力的重要体现。装备制造业将先进的科技成果转化为现实生产力，秉承带动相关产业发展的重任。其需求科技含量高、产业关联紧密，对经济增长带动作用强，可谓国民经济的生命线。加快产业结构模式创新，抢占智能装备制造业的新制高点，是辽宁装备制造业必须直面的方向。

（一）辽宁装备制造业的发展现状

辽宁的装备工业体系门类齐全。近几年来，装备制造业发展速度较快，总体规模超过石化、冶金行业，成为全省工业第一大产业，对辽宁经济增长有着较强的拉动作用。当前，在装备制造业各行业中，辽宁已初步形成以交通运输设备制造、通用设备制造、电子设备制造等为主的制造业生产基地。辽宁装备制造业基础类装备主要是以机床及轴承等为代表，重大工程专用类装备主要以重型矿山设备等为代表，交通运输设备制造业类装备主要以船舶、汽车及机车为主。然而从严格意义上来说，目前，辽宁装备制造业只能称之为装备产品"加工基地"，而非装备产品"制造基地"。

1. 装备制造产品附加值偏低。辽宁装备制造业产业规模约占全国比重的5%，但利润总额、营业收入与劳动生产率却只在4%左右；工业增加值率为30%，远低于美国的50%、日本的40%、德国的49%。这些足以说明辽宁装备制造产业处于低端水平，产品附加值不高。与国际范围相比较，机械装备类产品的总体技术水平，仅相当于美、德等先进国家20世纪90

年代初的水平，很大一部分产品处于国际制造业产业链的最低端。具有自主知识产权的装备制造产品种类少，产业种类多属于加工组装类产品。装备制造的研发、设计、自主制造生产能力，与先进国家都存在较大差距。企业引进先进技术的消化吸收能力以及再创新能力不高，美、日、德等先进国家仍垄断着相当一部分关键设备核心部件技术。有鉴于此，企业技术创新能力提高水平的滞后，自主创新内在动力的缺乏，是当前制约辽宁装备制造业发展的最大瓶颈。加强产业技术创新能力、推广以信息化为核心的先进制造技术、推动装备制造工业企业的设备更新和技术改造，已成为提高辽宁装备制造业竞争力的关键所在。

2. 高端装备制造业发展滞后。辽宁是国家重点扶持建设的重要的军事装备科研和生产基地，省内军工企业建设起步早，企业布局合理，门类齐全。除军事装备制造业以外，装备制造业内部各个行业之间发展很不均衡。近几年，专用设备制造业等在装备制造业中所占比例增长较快，而通信设备制造、仪器仪表及文化办公类机械制造以及交通运输设备制造等，进入新世纪以来在装备制造业中所占的比例却有不同程度的下降，其中代表新兴装备制造业的电子通讯、通信设备、仪器仪表设备制造业所占的比例都有不同程度的下降。这说明辽宁装备制造业的发展不是依靠新兴装备制造业拉动，通信电子设备、交通等为代表的战略性新兴产业和高端产业发展相对滞后。

3. 核心产品技术对外依存度高。从国内看，改革开放以来的30余年间，特别是进入新世纪，由于加大了对装备制造业的扶持力度和企业自主

第五章 智能制造引领辽宁装备制造业产业升级探析

创新能力的逐步增强，辽宁省在数控机床等装备制造业领域的设计、制造技术有较大的提高，始终在国内保持着领先地位，产业化规模也在不断扩大。但从国际上看，目前我国装备制造业的核心技术、重要功能部件依赖进口，在装备制造业科研、设计、制造和使用方面，与美、德、日等当今技术最先进的国家，技术差距巨大。与国际知名企业相比，辽宁省的装备制造业整体技术水平明显落后，虽然拥有大连机床集团和沈阳机床集团等一大批销售收入已超过百亿元的大型主机制造生产企业，但很多重大装备的关键部件不能生产，只能依赖进口。如数控机床的核心部件65%以上依赖从装备制造业先进国家进口。

（二）辽宁装备制造业发展存在的问题

比较优势演化理论认为，比较优势会出现减弱、断档、丧失等风险，使产业结构升级减弱、停止、势头受阻。辽宁装备制造业原有的比较优势，是在传统计划体制下实现的，从纵向角度看，装备制造业的比较优势增强，已经成为辽宁工业的第一支柱；但从横向来看，辽宁装备制造业自20世纪90年代以后，一直存在着弱化的现象，与广东、江苏、上海等省市相比，优势在不断弱化。

1. 装备制造业产业集聚不够。近年来，辽宁装备制造业涌现出一批具有国际竞争力的大型企业集团。但是与上海、江苏和广东相比，辽宁装备制造业企业的规模偏小、产业集中度偏低，实力雄厚的大企业相对偏少。与发达国家进行横向比较，辽宁装备制造业强势企业的作用不够突出，主导产品的带动力不强，专业化协作水平较低，从产品开发到批量生产，再到产品成套的体系尚未形成，没有形成合理的分工协作关系。由于缺少强势企业以及关联产业的支持，辽宁装备制造业未能形成在全国有影响的产业集聚效应和合理的生产规模，每个产业链上都存在薄弱环节，关联企业较少，无法形成合力，没有造就出主导产业链的竞争力，产业聚集较分散，没有形成一批占有较大市场份额、代表行业水平、具有国际竞争力的大型企业和企业集团，在生产、市场、研究与开发等方面难以形成规模经济的优势。

2. 装备制造业产业结构不合理。辽宁装备制造业的内部行业结构、技术结构、产品结构、布局结构、企业组织结构都不尽合理。从行业结构上看呈现出明显的二元化，落后的传统装备制造业和现代新兴装备制造业并存，劳动密集型的金属制品业及组装环节和高新技术装备制造业并存；从技术结构来看，国际、国内先进的技术装备与国内落后水平的机器装备并存，机械工业制造技术及装备仍处于机械化生产为主的阶段；从产品结构来看，产品结构低级化主要表现为传统产品多，新型产品、高新技术产品少，成套的高端产品不到三分之一，达到世界先进水平的产品不到5%。辽宁省装备制造业布局主要集中在沈阳、大连两市，其他市（区）较弱，不利于带动区域协调发展。装备制造业企业"大而全、小而全"现象严重，企业组织结构缺乏灵活性，应变能力差，专业化和协作程度较低。

3. 装备制造业产业创新动力较弱。装备制造业是一个战略性基础行业，做好这个基础行业就要有较强的创新能力。装备制造加工能力不等于装备制造能力，装备制造能力需要有较高的总体技术水平、生产工艺水平

第五章 智能制造引领辽宁装备制造业产业升级探析

和关键技术做支撑。虽然靠组装获得价值相对比较容易，但这种做法会使核心技术掌握在别人手中，没有更大的盈利空间。在产品生命周期日趋变短，而技术含量却日趋提高的今天，辽宁装备制造业企业作为技术创新的主体，当前还没有形成完善的技术创新机制，以致企业技术创新滞后。如代表研发活动核心或关键技术的原始创新，全省仅达到26%，有78%的企业没有自己的核心技术。

4. 非公有制装备制造业企业比例过低。与装备制造业发展较快的广东、江苏、上海等地区相比，辽宁非公有制装备制造业比例偏低。广东、江苏、上海等发达地区装备制造业中非公有制经济占有较大比重，而辽宁装备制造业中的国有经济成分仍占据着主导地位。在辽宁装备制造业内各个行业中，国有资产存量大、机制不健全，加之装备制造业资金回收周期长，阻碍了民营资本的进入，辽宁装备制造业中私营资本投资明显不足，私营经济总量偏小，与装备制造业发达省份主要依靠民营大中型企业形成了强烈的反差。

三、提升智能制造，促进辽宁装备制造业产业升级

目前来看，辽宁应以感知、决策和执行等智能功能的实现为核心，为实现制造装备和制造过程的智能化提供技术支撑；以重大智能制造成套装备研发和智能制造技术的推广应用为路径，与国家重大工程建设相结合，根据当前辽宁智能制造技术和智能测控装置的发展水平，加快推进产业、技术与应用协同发展。

（一）以信息化为突破口，提升辽宁机械装备制造能力

提高装备制造过程信息化水平。发展先进装备制造业，首先必须拥有先进的制造技术，以此来提高装备制造产品的设计水平、制造能力和科技含量。而如要实现用先进技术提升装备制造业整体水平，那么就要选择以信息化为突破口，提高产品的研发水平，以产品设计、成套化、信息化、数字化为目标，建立先进的制造系统、处理系统和管理系统，从而实现企业资源的优化配置、处理的快捷安全、管理的优化运行。为此，提升辽宁机械装备制造能力，就要加快推进制造过程中基础管理、信息集成、生产控制等典型环节的优化组合，提升效率与效益、节能减排，实现精细生产。

（二）以智能化为突破口，提高辽宁装备制造业的自主制造比例

随着机床产业升级转型以及国家宏观政策的支持，国内装备制造业经历了快速的发展提升。现阶段国家在经济发展中对机械装备有着迫切的需求，使得国内装备制造业市场十分活跃，而未来的装备制造业将向着智能化的趋势发展。为此，辽宁要大力提升主导产业智能化水平，重点发展智能数控系统、高精度与高稳定传感器、关键功能器件、网络化系统集成等技术，突破核心技术，推动装备制造产业发展。充分发挥科技对产业升级的引领和支撑作用，增强原始创新、集成创新、引进消化吸收再创新能力，形成以企业为主体的科技创新体系。依托省内装备制造业骨干企业，实施技术创新和产业化项目，重点突破一批核心关键技术，形成一批具有自主知识产权的重大战略产品。大力支持产、学、研、用协力合作，完善

第五章 智能制造引领辽宁装备制造业产业升级探析

自主创新体系。努力推广标准化战略,组织大型骨干企业积极参与国际高端装备制造业相关标准制定,争取行业话语权,助推自主创新产品占领国际市场。以信息化、智能化、精密化、集成化为突破口,使企业真正成为技术创新的主体,促进装备制造业产业转型升级。

(三) 以集成化为突破口,建设高端装备制造业示范基地

装备制造业技术构成复杂,配套零部件高度多样化,上下游相关企业众多,高度灵活的专业化生产网络和产业集群是装备制造业结构升级的必要条件。长期在计划经济条件下运行形成的"路径依赖",使辽宁乃至东北地区装备制造产业之间的专业化分工协作发展缓慢,从关联的角度看,主导产业竞争优势的发挥必须得到相关产业的支持,处于产业链上下游的企业、供应商、顾客对整个产业链的发展都有着重大的影响。因此,辽宁装备制造业要形成区域竞争优势,应着眼于整个产业链和集群的优化,推进辽宁装备制造业产业集群的形成。一方面要发挥沈阳机床集团等大型龙头企业和重点企业的辐射效应和关键作用,结合企业的优化重组和技术改造,将零部件和非核心业务外包,通过企业间的分工协作与技术外溢带动周边企业群的形成和发展。另一方面,辽宁装备制造业企业要向集设计、生产、集成、安装、维护和回收为一体的全方位服务领域延伸,向设备成套设计和项目总承包的方向发展,以此来带动产业链上下游企业群的形成和壮大。

(四) 以政策支持为突破口,保障辽宁装备制造业产业升级

为保障辽宁装备制造业产业升级,必须在现有政策扶持的基础上再进

一步加大资金支持力度,设立装备制造业发展专项资金,引导装备制造企业和社会资本对制造产业智能化的研发和产业化资金投入;设立省装备制造业产业投资基金,鼓励、引导金融机构加大对装备制造业信贷支持的相关政策,采取开发新的信贷产品;设立装备制造业技术研发专项资金,加强装备制造骨干企业、高等院校和科研院所承担重大技术装备的研发,支持装备制造企业采取多种形式加强技能型人才的体制机制建设。

第六章 宏观经济中的区域经济战略布局

改革开放近 40 年,我国的区域经济战略布局发生了重要的变化,这个变化是我们国家从一个经济大国迈向经济强国的战略需要。改革开放以来,中国取得了飞速的发展,实现了五个历史性的突破,这是中国实施新一轮区域经济战略布局的历史背景。

一、关于中国实施新一轮区域经济战略布局的背景

(一)中国的经济制度基本完成了整体再造,从计划经济制度迈向了市场经济制度

这样一种经济制度的再造,使中国经济的运行机制、经济运行的主体、经济运行的动力都发生了根本性的变化。在计划经济的条件下,主要是政府配置资源。在市场经济条件下,是以市场配置资源为决定性作用,

政府充分发挥市场的力量。中国在加入 WTO 谈判时，作出了两个重大的让步，其中一个让步就是我们承诺要用十五年的时间完成计划经济国家向市场经济国家的过渡，当时设限是十五年。但是中国到 2006 年 12 月 5 年就完成了加入 WTO 的过渡期。中国的市场化程度进展得非常快，从东南沿海到东部的整个沿海一直到内地，市场经济体制经济制度已经全面建立。

我们有理由认为中国已经是完全的市场经济国家，这就是我们在加入 WTO、在反补贴、反倾销、特别保障措施这些国际贸易纠纷中，中国要争得的一个强大的利益。如果不争得这个利益，其他国家就会以第三国——他们认为是市场经济国家这样一个价格来衡量你的产品成本，然后对我们提出反倾销、反补贴，实行特别保障措施。这样我们在贸易上就非常被动。因此，党中央、国务院领导出访的时候在两国贸易谈判中所争得的一个主要利益就是我们的市场经济国家的地位。

到目前为止，已经有 80 多个国家承认我们国家的市场经济地位。尽管美国、日本、欧盟这三大经济体还没有承认，但是，中国的市场经济、经济制度与全球制度的一致，这已经是一个不争的事实，这是我们国家经济制度的一个再造。我国各个区域都在全国的一盘棋之中，如果没有这样一种制度的确立，这些区域之间就不会按照经济要素的流动来进行区域的整合。

（二）中国的经济从封闭型经济迈向开放型经济

这也是中国历史性的、最大的变化。在中国几千年的历史上也不是没

第六章 宏观经济中的区域经济战略布局

有开放的历史时期。比如在盛唐时期,中国是全世界最开放的国家,在马可·波罗的游记里面都可以看到,那个时候,在大唐的首都——现在的西安,各个国家的人在那里学习、经商、生活,长安已经是一个国际化的大都市。因此,我们国家是那个时期世界上一个最开放的国家,而且那个时候中国的地位远远高于现在美国的地位。唐、宋、元,一直到明,甚至一直到清的前半叶,中国当时的经济总量(现在讲的GDP)占了全球的1/2,一直到清的后半叶,我们国家的GDP还占了全球的1/3。在我们改革开放的初期,美国的GDP占了全球的1/3,达到33%—35%。

现在,发展中国家市场份额的提升,特别是像中国、印度这些国家经济份额的提升,使美国的经济份额是从33%、35%降到了现在的24%。就是说30多年来,新兴的市场经济国家份额提升了近10个百分点,而美国是下降了近10个百分点。但是,美国仍然是世界上第一大强国,就是因为它的GDP占到了全球GDP的24%,美国制造业的产值占到全球制造业产值的25%,而我们国家制造业的产值占全球产值近10%。中国改革开放发生的最大的历史性变化,就是我们重新把一个大国推向了世界,建立了开放型经济的框架。到目前为止,我们国家吸引外商直接投资到位的资金已经达到8000多亿美金,合同投资的外资已经超过1万多亿美金,60多万户外商企业在中国落户。另外,世界销售额排在前500位的企业当中有480多家跨国公司在中国已经有了分支机构、分公司或者是工厂。

中国的开放是通过从东南沿海的开放向内地推进,从试点的开放向全局推进,从引进开放向走出去推进,现在中国一大批企业开始成为世界性的跨国公司。最典型的东南沿海的华为、中兴通信等企业已经成为在全球同领域里面的领先企业，在全球的市场份额中占到了第一名。因此，中国这种开放型经济框架的确立是一个伟大的巨变，正因为有了开放，有了东南沿海的开放，然后才有内地的开放，正因为形成了开放的这样一种经济形态，才有了要素的充分流动，才有了区域之间的要素整合，因此，中国改革开放后从封闭型经济迈向开放型经济的重大历史性的变化，也是我们区域经济发展的一个前提。

（三）中国从自然经济、产品经济这样的一种经济状态迈向了商品经济和发达的商品经济

这也是中国最重大、最根本、最具有革命性的一个变革，是我们区域经济形成的基础。几千年以来，中国的经济形态是处于自然经济状态的。所谓自然经济，就是说一个经济体，小到一个家庭，大到一个企业，再到一个区域，它是自成体系的，是自给自足，生产适合自己消费的商品。所谓产品经济，是在计划经济时期形成的一种经济形态，所有的生产都是按计划进行的，按照苏联范式政治经济学，把整个的社会再生产分成四个阶段，从生产、分配、交换、消费，我们认为生产是起点，是决定其他三个阶段的，消费是终点。整个的分配和交换，是为了实现生产到消费的过程，计划经济就是要进行产品的安排，然后围绕产品来进行它的分配和交换，使货币成为购买这个产品的一种权证。

改革开放后，我们所建立的经济形态是和市场经济体制有关系的，这是一种完全的商品经济形态，或者说，到现在为止，我们的这种发达的社

会经济形态已经完全建立。所谓商品经济,生产是为了拿到市场上去交易、交换,通过交易和交换来取得它的价值和使用价值。在过去,很多产品不是商品,生产资料不是商品,比如汽车不是商品,汽车是集团购买力;住房不是商品,住房是国家分配、单位分配,是属于福利范畴。现在,中国的商品化程度是空前的提高。除了极少数商品由国家控制之外,所有产品都已经商品化。工艺品的商品化率高达98%以上;水果、蔬菜的商品化率已经高达100%以上;水产品、畜产品的商品化率高达90%以上;粮食的商品化率高达80%以上,因为还有相当一部分的农民是自留粮,因此,我国的粮食还没有进入商品化的进程。现在的住房商品化率已经达到88.5%。这个比例已经超过美国,超过我国的香港地区,香港住房的商品化率是55%,不到60%,很大的一部分是政府提供的。汽车,特别是轿车的商品化率已经高达95%以上,整个产品的商品化进程已经完成,我们已经进入发达的商品领域状态。

改革开放初期,中国商品的品种种类总共是8万到12万多种,那个时候,美国的商品种类是几百万种。出国到欧美发达国家看到的最多的是这些国家的商品琳琅满目,很多商品在国内买不到。但是,现在中国是世界上商品品种种类最多的国家,我们出口已经占到全球第二位。按量来算,比如说服装的件数,我们是第一位。所有出口的商品中,已经有4百多种商品是全球出口量第一,有1000多种商品是全球出口量第二,中国商品的品种规格已经超过6百万种。

义乌小商品市场是联合国贸发组织认定的世界上最大的小商品批发市

场，它的小商品的品种种类占到联合国贸发组织所列的商品品种种类的70%以上。因此，中国的这种从自然经济、产品经济向商品经济，向发达的商品经济的转变过程也已经完成。不管是东南沿海，还是我们东北的老工业基地，还是中部、西部，商品化的过程已经全部完成。

（四）中国从短缺经济转向过剩经济

这是一个重大的变化，也是我们研究区域经济问题必须注意的一个问题。计划经济时期的供求状态用匈牙利经济学家科尔内的一句话来概括，就是"短缺经济"。当时的计划经济国家在全球是13个，也就是当时的社会主义国家，直到现在还坚持这种体制的有朝鲜、古巴等，这几个国家现在的供求状况仍然是"短缺经济"。

我们国家在计划经济时期的特点也是短缺，那时我们也是凭证凭票定量供应，每年每个人不管你高矮胖瘦用布多少都一丈七尺三，什么都凭票凭证。经过近40年改革开放，现在已经形成一种过剩经济形态，供求关系发生了根本的变化，供过于求已经成为市场经济的常态。因为只有供过于求，优胜劣汰规律才会发生作用，价值规律、竞争规律才能发生作用，社会平均利润率才会发生作用。因此，这种过剩的状态是市场经济的一种正常的经济状态。

资本主义经济危机的时候把牛奶倒进海里就是过剩而导致的危机，危机然后复苏，然后再繁荣发展，再走向衰落，再到危机这样一个经济周期。我们现在面临的问题是过剩，过度过剩可能是将来我们在供过于求状态中要解决的最大的一个矛盾。

第六章 宏观经济中的区域经济战略布局

我们现存有一些过剩。一是产能过剩。我们钢铁的产量达到 6.7 亿吨，2009 年钢铁的产量是 5 亿吨，2010 年 6.3 亿吨，2011 年 7.06 亿吨，2012 年 7.16 亿吨，占全球的 46.3%，2013 年中国钢产量占世界一半。比世界上的钢铁大国从第二位到第十二位的总和还要多。2016 年中国钢材产量达到 113801.2 万吨。现在我们钢铁产量严重过剩，而我们 60% 的铁矿石要靠进口。世界上最大的港口排在前 10 位的中国占 8 个，排在前 20 位的中国占了十几个，说明化解产能过剩在将来是面临非常大的问题。

再看我们的纺织品，按计划经济时期算，中国当时是 6 亿人口，如果说一人一丈七尺三的布，我们需要生产多少的布，比如一人要穿两双鞋，我们要生产多少只鞋。但现在我们是面向全球的市场，在这个意义上的产能过剩、这种供过于求的状态，还不是处在一个封闭的条件下。比如（按现在的产能）现在全球平均下来每人要穿中国生产的两双鞋，每人要穿中国生产的 3 米布，每人要穿中国生产的两件服装，这是按全球平均的数字。因此，中国作为这样的一个生产大国，它的产能过剩有的是相对的，有很多是绝对的，这是我们面临的非常大的矛盾。

二是劳动力的过剩。劳动力的过剩也是我们要面临的一个非常大的矛盾，现在农民工进城已经到 2.5 亿人，2016 年从城乡结构看，城镇常住人口 79298 万人，比 2015 年年末增加 2182 万人，乡村常住人口 58973 万人，减少 1373 万人，城镇人口占总人口的比重（城镇化率）为 57.35%，这是一个历史性的巨变。我们改革开放的初期，城乡人口比例是 2∶8，即城市的人口占 20%，农村的人口占 80%，那么现在呢，差不多是5∶5的比例。按照现在这种城市化进程（"十一五"时期，我国城市化率是1年增长1个点，按这样的速度），到2020年，我们城市化率将超过60%。而城市每年培养出来的大学生、研究生、博士生还有再就业的人口，中国的劳动力过剩将是一个常态，而且将是一个非常难以解决的问题。

三是流动性过剩、资本过剩。在上一轮政府宏观调控中调控的主要目标就是围绕解决三个问题来进行的，第一是贸易顺差过大，第二是投资过热，第三是流动性过剩。流动性的过剩实际是一种积累的存量，这种积累的存量资源在我们国家来看，主要还是缺少流动性的一种过剩。我们现在的居民储蓄余额（2011年）已经达到34.36万亿元，2015年近50万亿元；企业的储蓄余额已经达到40万亿元。我们的外汇储备（2010年）已经达到2.8万亿美元，2011年3.181万美元，2012年3.31万美元，2013年3.82万亿美元，截至2016年12月31日，我国外汇储备规模为30105.17亿美元，储备量逼近"3万亿美元"关口。这样的一个存量，实际上是处于一种资本的流动速度比较慢的一种情况。由于没有很多的金融产品，也没有真正的国际上的资本运作，实际上整个的资本周转速度是很慢的。我国一年的社会总资本周转的速度还不到两次，而美国的社会总资本周转速度一年是76次，美国的资本市场是高度发达的，尽管它的资本市场出了很大的问题。我们现在实际上面临的问题将来也会长期面临这个问题，就是过剩或过多的资本到底怎么来使用，怎么能让它像《资本论》所说的在流动中产生增值或者流动中的增值。

第六章　宏观经济中的区域经济战略布局

（五）中国的经济从政府主导型经济迈向了微观主体自增长型经济

我国整个经济微观基础的再造已经完成，过去整个经济的推动力量或者说引导性的力量、决定性的力量是政府。改革开放三十多年，形成了这种微观主体、企业主体，特别是多种所有制结构并存、多种形式并存、多种业态并存、多种商业模式并存这样的一种微观的企业主体的再造已经完全完成。

中国的整个改革开放三十多年，正如中央领导指出，只有社会主义才能救中国，只有改革开放才能发展中国。改革开放以来，实际上是我们用开放来促发展、促改革，使中国形成了一个崭新的格局，完成了制度再造，完成了经济形态的再造，完成了供求关系的再造，也完成了经济发展动力的再造。在目前市场经济体制下，它的根本动力在于微观基础，政府是引导性力量，但是微观基础是决定性力量。围绕经济危机、经济下滑等问题，包括对珠三角、长三角的一些调研，有关机构给国务院写了一系列的政策建议，总理也做了一些重要的批示。政府最大的责任是给企业以信心，企业兴则经济兴，企业衰则经济衰。因此，整个经济微观主体的再造已经完成，微观基础再造已经完成，经济制度的再造已经完成，那么，我们现在面临的新的改革任务就是如何从经济领域向社会领域延伸，如何进行经济体制、政治体制、社会体制、文化体制、生态文明制度的整体再造？这样一大的背景，是研究区域经济战略布局问题的一个前提和基础。

二、关于我国区域经济的战略布局

第一条脉络按照方位来看，是区域的方位的概念，四大板块。在过去的几年,我们形成了4种区域的布局,可以概括成以区域方位为主的区域格局,如东南沿海开放、西部大开发、振兴东北老工业基地,然后是中部崛起等。

(一) 东南沿海开放战略

东南沿海主要是江浙沪加上广东及福建的一些地区,这个是原来的东南沿海的领域。当时中央给它的历史性的任务就是实现"两个率先",就是率先基本建成现代化,率先全面建成小康社会,这是中央给东部的定位。后来,在2007年,胡锦涛总书记在中央工作会议分组讨论的时候在上海有一个讲话,又加了"两个率先"。一个是率先转变经济发展方式,实现科学发展;再一个是率先构建和谐社会。这就是整个东南沿海按方位来说的它的历史使命。

(二) 西部大开发战略

1996年,中央决定实施西部大开发战略,这个战略是由当时的国务院副总理姜春云以他的名义写了一份报告,就是再造西部的秀丽山川。江泽民在这份报告上做了重要批示,然后就开始了中部和西部的大开发战略。中部、西部的开发包括12个省市,最主要要解决的是三个问题。

第一个问题就是生态的恢复、保护和建设。因为我们国家大江大河的源头都在西部,青海是三江源——长江、黄河、澜沧江的源头,现在三江源已经成为国家级的生态保护区。长江、黄河、澜沧江的源头在青藏高原,加上西藏是有七条大江大河的源头。因此,这种生态的恢复、保护和建设,特别是水资源的保护刻不容缓,这是西部大开发最重大的一个战略意义。

第二个问题就是把资源的比较优势变成经济优势和竞争优势。因为我们国家的矿产资源、光电资源、风电资源主要也集中在西部，但是西部非常贫困，这些资源没有得到充分的开发和利用，如何把这些存量资源变成一种竞争优势、比较优势、优质资源，这是它的第二个战略意义。

第三个问题就是缩小西部和东南沿海的差距，使西部人民群众的生活得到明显的改善。当时东南沿海的人均 GDP 已经超过 1 万多元，但是西部的很多省份还在 1 千块钱以下，特别是贵州，我们国家人均 GDP 倒数第一，当时和最发达的上海比较是 13 倍的差距，像新疆、西藏、内蒙古（内蒙古是这些年发展起来的）当时都处于非常贫困的情况。所以要缩小这个差距，才能使我们国家有 12 个省份之多的这样一个广袤土地上的人民生活水平得到明显的改善，才能稳固我们整个国家的统一疆土。整个的西部大开发，给了西部很多的政策，包括鼓励国外的企业和东南沿海企业到西部投资，包括恢复生态环境的退耕还林还草还湖还坡等的措施。

（三）振兴东北老工业基地战略

第一，利用东北老工业基地的工业基础，加快我国装备制造业的发展。因为我们国家经过改革开放，轻工业已经比较发达，突破了消费瓶颈。但是，到 20 世纪末，最大的一个瓶颈是装备制造业严重落后，连生产一般的纺机能力都没有，到浙江、江苏去看，特别是我们民营企业使用的最先进的纺织机器全部都是进口，主要是来自于日本、意大利、法国，一台纺织机价格在 300 万—500 万美元，而我们很多工厂生产线上的这些机床，特别是数控机床，其铸件和我们的没什么两样，但是核心零部件就是数控部分我们没有。因此，我们要花上千万去进口。所以，装备制造业成为我们国家的一个瓶颈，我们每年的出口商品中机电产品占55%，主要是彩电、冰箱、空调，而进口的机电产品比我们出口的机电产品要多3个百分点。进口的80%以上是大型装备，包括数控机床等先进的设备。当然，这些是我们国家在贸易政策中鼓励进口的东西，我们要上工业，要上水平，要建成先进制造业基地，它的机械设备必须要上去。所以，只有振兴我们的装备制造业，使我们的装备制造业迅速地赶上世界水平，才能实现对进口的替代，才能使我们的先进制造业有可持续发展的基础。而东北作为共和国的长子具有良好的工业基础，具备发展现代装备制造业的各种先决条件。

第二，东北在中国独特的战略地位。首先，它地处中国东北部与外国接壤的沿边地区。其次，它是我们国家沿海最北端；再次，它是东北三省是"原"字号的区域，原油、原粮、原煤、原木，全部都是属于资源型的这样一个重大的战略区域。因此，东北区位优势不可替代。作为粮食基地，其他地区无法与东北一马平川的平原相比，东北是我们国家最大的粮仓，这是它的第二个优势。

第三，要解决东北面临的最迫切、最严重的一些瓶颈问题。下岗工人问题、资源枯竭问题、社会保障问题等。第一个问题是东北三省当时是中国下岗工人最多的地方，一大批产业工人生活没有保障。振兴东北老工业基地实际上首先解决的一个很重要的问题，就是社会保障问题；第二个问

第六章 宏观经济中的区域经济战略布局

题是东北有一大批资源枯竭型城市,许多城市的资源已经采空,这些城市怎么转型。因此,振兴东北老工业基地就是要解决这些资源枯竭型城市的转型问题。第三,东北的这些工业基础原地踏步,没有提升。在新的一轮区域经济布局中,这么大的一块存量,它到底怎么能盘活。党中央、国务院关于振兴东北老工业基地的战略实施之后,对东北三省发挥了重要的作用。实践证明,中央区域战略是正确的,解决了东北的很多问题,同时,使东北出现了一个空前的高速发展的局面。

(四)关于中部崛起战略

以上三个区域战略制定之后,中部还有6个省,山西、河南、安徽、湖北、湖南、江西,这6个省出现了经济滞速,比西部、东北、东部沿海都低,即所谓的"中部塌陷"。中部6个省每年的"两会"提案,包括中央会议上的一些发言,都是强烈要求中央要给中部制定政策,要有中部崛起的政策安排。为了发挥中部6省的优势,有关机构进行了深入的前期调研,调研之后形成了3个报告,还有一个专送总理的报告,总理在湖南长沙召开的会议上做了重要讲话,紧接着国务院制定了关于支持中部崛起的指导意见。

当时提出的建议最主要的是实现两个延伸。

一个延伸就是要把党中央、国务院支持西部的政策向中部延伸。中部还有很多地方是非常贫困的,比如说像安徽、江西的山区地方,退林还草还湖等这些适用西部的政策都可以适用中部。

再一个重大的建议就是把东北老工业基地的政策向中部延伸。中部在

"一五"时期、"二五"时期也有一批老工业基地，比如说长沙、株洲、湘潭，比如说武汉的武钢，这些都是"一五"时期、"二五"时期的重大项目。安徽的九江、南昌都布局了一批国家的重点项目。这两个延伸实际上现在是中央制定支持中部崛起政策的主要的两条线，中部崛起的政策出台之后对中部各省的鼓舞非常大。当时安徽省委书记王金山曾经这样说："我们中部完全有信心再造一个中部！"而且2009年国家4万亿元的投资重点就是中部和西部，然后还有东北老工业基地。

以上第一条脉络按照方位来看，形成的一个区域战略布局就是东南沿海开放、西部大开发、振兴东北等老工业基地，然后是中部崛起四个板块，它是区域的方位的概念。

第二条脉络是我们国家的沿海发展战略。到目前为止，我们国家的沿海战略布局已基本完成。这是我们当前非常重大的一个战略，从2009年1月份开始，国务院研究出台的上升到国家战略的沿海战略规划主要有：

1月8日，国务院通过了珠三角改革发展规划纲要；

3月25日，国务院通过了关于支持上海建立以服务业为主体的国际金融中心、国际贸易中心的决定；

4月6日，国务院通过了关于深圳综合改革配套试验区的意见；

5月10日，国务院通过了江苏沿海地区的发展战略；

5月14日，国务院通过了海峡西岸的经济区的发展规划；

7月1日，国务院通过了辽宁沿海经济带发展规划。从国家非常密集地出台的一系列关于沿海的战略布局中可以看出，一个完整的沿海战略布

第六章 宏观经济中的区域经济战略布局

局基本形成。

最西南的沿海是北部湾,北部湾发展战略规划是到2020年的。北部湾在广西海南和广东交界的海域,它包括广西的4个城市:防城、钦州、南宁和北海,广东的湛江、茂名,也就是粤西这个地带,海南的西部,像儋州、东方等地区。因此,它是一个海湾的概念,这就是北部湾包括的范围,国家已经出台一个完整的北部湾发展战略。随后又提出一个泛北部湾的经济圈,把北部湾扩展到更大的范围,扩大到广西和粤西,然后通过两廊一圈到了越南、缅甸,还有东盟国家。

接下来就是东南沿海,东南沿海的第一个沿海经济带是珠三角改革发展战略规划,是到2020年的。这个区域有四个概念,一个叫小珠三角的概念,有广东的9个城市,包括广州、深圳、东莞、惠州、珠海、中山、江门、佛山、肇庆,这是小珠三角的概念。大珠三角包括香港、澳门,香港、澳门加上这9个城市就是大珠三角的概念。在此基础上,为了使它向更深的腹地发展,规划还包括了环珠三角的概念。环珠三角包括珠江东岸、珠江西岸、粤东、粤北、粤西区域,也就是广东全省。再一个是泛珠三角的概念,就是"9+2"的概念,"2"是指香港和澳门,"9"就是沿着珠三角起源的云南、贵州等凡是和珠江流域有关的9个省区。因此,东南沿海的第一个沿海经济带就是珠三角,或者叫大珠三角的这样的一个经济带。

从珠三角经济带下来是海峡西岸经济区。海峡西岸经济区现在国家已经通过的包括福建省大部分,广东粤东地区——潮州、汕头、汕北、揭阳

· 81 ·

4个地区，也包括浙江南部地区如温州等都是在海峡西岸的经济区。它主要对应的是对台湾关系，解决中国大陆和台湾地区深度交流合作问题。召开了海峡两岸的战略论坛，战略论坛由当时全国政协主席贾庆林参加并讲话，中央台办主任、台湾国民党副主席、台北市市长、台中市市长讲话，台中市市长胡志强在海峡两岸的论坛上讲道："粤港澳加上闽台地区将成为中国位于世界最前列最大的一个经济区，或者是世界级超级经济区"。这就是东南沿海的战略布局。

东南沿海还有长三角。长三角经济区包括16个城市，其中龙头是上海，包括浙江和江苏几个城市，还有安徽。原来的长三角是两省一市——江浙沪，现在是三省一市——江浙皖沪，现在我们所说的长三角的概念就是这三省一市，这是一个大的长三角的概念。国家出台了关于支持长三角发展的国务院的文件，为了使这个龙头更具有带动作用，2009年，国务院又出台了关于支持上海建立两个中心的文件。

长三角下来是东部沿海，也就是江苏沿海战略。江苏的沿海城市包括南通、连云港、盐城，主要以这3个城市为主形成江苏沿海产业带。江苏的沿海产业带主要是连接长三角，立足整个沿海，然后依托长三角，北面再接上黄河三角洲。江苏沿海产业带虽然是3个城市，但也非常重要，因为它是整个欧亚大陆桥的起点，也是陇海铁路的一个起点，它既是一个通海要道，也是通向内陆的要道，因此，它的战略地位非常重要。国务院在2009年5月10日通过了关于江苏沿海地区发展战略。国务院领导批示的是黄三角的战略规划。所谓黄三角，就是黄河入海口形成的三角洲地区的

第六章 宏观经济中的区域经济战略布局

规划。

再往北是环渤海经济圈。环渤海经济圈还没有国家整体的规划,但是有中央关于支持滨海新区发展的意见,给天津滨海新区的定位是北方经济中心、国际航运中心、国际物流中心、国际贸易中心、临港产业经济带。另外,在滨海新区建立东江保税港区,形成了港区联动。目前,整个的环渤海和长三角、珠三角不一样,没有一个整体的发展战略。但是环渤海中的青岛港已经成为全国的第三大港,它的港口的吞吐能力非常大,而且青岛是一个工业品牌之城,它在环渤海中具有非常重要的战略地位。环渤海除了天津以外,最重要的就是辽宁。辽宁的整体战略是整个环渤海最重要的一个战略。因为滨海新区有国务院关于支持滨海新区的一个指导意见,但是辽宁沿海经济带是一个战略,是一直到2020年的战略,这个战略与珠三角战略、北部湾战略、长三角的战略都是同步的。从长远的战略规划来看,也是沿海城市不多的几个国家级战略规划之一。因此,辽宁沿海经济带是我们国家北部、东北部最重要的沿海经济带,沿海的其他的都是点,比如说江苏、上海,都是一个点。但是能连成片的一个是北部湾,一个是珠三角,一个是长三角,一个是海峡西岸,再一个就是辽宁沿海经济带,这些都是同步规划到2020年的,而且是跨区域的,辽宁实际上是6个城市,但是这6个城市也是一个带的概念。所以,我们国家沿海发展战略布局已经基本完成。所有的沿海连接起来基本上形成了我们国家新一轮开放沿海战略的总体布局。

改革开放以来,中国区域经济由"点状经济""轴线经济"向"板块经济"发展。随着珠三角、长三角经济区的相继崛起,"板块经济"成为拉动我国经济社会发展的动力引擎。然而,国家寄予厚望的中国最大的工业密集区域环渤海经济区还有待于加快发展步伐以承担起应承担的重任。

从概念提出的时间来说,环渤海经济区是最早提出的。

20世纪80年代中期,中科院地理所副所长李文艳提出了大渤海地区的概念;

1985年,天津倡导成立了环渤海理论研究会;

1986年,天津市倡议成立了环渤海地区经济联合市长联席会,15个沿海城市成为成员市,并制定了"联合起来、振兴渤海、服务全国、走向世界"的工作方针;

1992年,党的十四大提出"加快环渤海地区开发开放";

1994年,国务院又将山西和内蒙古中东部地区(原5市4盟,现为8市/盟)划入,至此环渤海经济区涵盖五省(区)两市;

2004年,环渤海地区七省市区签署《北京共识》,正式建立环渤海合作机制,同年又形成《环渤海区域合作框架协议》,建立了环渤海合作机制的三层组织架构;

2007年,签署了《天津倡议》,提出"政府推动、市场主导、开放公平、优势互补、互利共赢"的原则,努力形成多元化、多层次的区域合作体系;

2008年,在石家庄举行的第十三次市长联席会议,将会议名称由"环渤海经济合作市长联席会议"改为"环渤海区域合作市长联席会",成员

第六章 宏观经济中的区域经济战略布局

市达到 37 个（包括特邀城市）；

截至 2015 年，环渤海经济区的经济总量已经接近 12 万亿元人民币，环渤海经济圈已经成为继 20 世纪 80 年代的珠三角、90 年代的长三角之后中国经济的第三增长极。随着国家"十二五"规划的完成，我国区域经济重心将逐渐向北方转移，可以预见在未来相当长的一段时间内，环渤海经济区域的重要性将愈加凸显。

环渤海经济区域的合作经历了 27 年多的实践，但发展进程及合作程度远不及后起之秀的长三角、珠三角，成了拥有先进城市的"落后地区"。长三角区域经济一体化是 1992 年提出的。1982 年中央提出建立上海经济区，由于上海经济大幅度下滑，经济区五年后"无疾而终"。1990 年浦东开发开放，从 1992 年以来，上海一直保持着两位数的经济增长率，重新确立在长三角的领军地位，长三角经济合作再次推进。2006 年制定了《长三角地区经济一体化规划纲要》，2008 年 6 月国务院发布《关于进一步推进长江三角洲地区改革开放和经济社会发展的指导意见》。18 年的时间，长三角经济区后来居上，无论是经济总量还是区域规模、辐射范围及影响力都大大超过珠三角，长三角成为"我国综合实力最强的区域"。

"珠三角"概念是在 1994 年正式提出，虽然提出的时间最晚，但行动最快，成为我国最早实施经济一体化的区域，成为中国经济发展的"第一极"。1980 年建立深圳特区，随着深圳的开发开放建设，带动了广东地区经济的快速发展。1996 年深圳经济区成立，1997 年香港回归以及澳门回归，由小珠三角、大珠三角到泛珠三角，珠三角区域经济一体化格局逐步形成，2008年年底，国家批准《珠江三角洲地区改革发展规划纲要》，这标志着珠三角区域经济一体化进入到新的发展阶段。

走区域合作之路是提高区域整体竞争力、促进区域内各地区快速发展的必然选择，区域一体化发展战略已经成为环渤海地区7省（区）市的共识。

从环渤海区域的历史看，区域合作发展的主要路径依赖要素是：政府行为主导、产业重型化、大型国有企业为主体、产业集聚于中心城市群、形成重化工业的经济社会基础和环境等。这种结构的刚性基础和基本经济结构，在短期内将难以发生重大改变。因此，环渤海区域合作与发展路径必然与珠三角、长三角有所不同，不可能主要依赖轻工，以民营经济、中小企业和市场作用为主，而必须围绕重化工业，以发挥国有工业和政府作用为主，走政府推进机制、提供市场化的制度环境，以大型企业为主体发展产业集群，以产业集群为节点、中心城市群为轴线配置区域资源，以海洋经济、临港经济与腹地互动整体提升区域竞争力的道路。

鉴于环渤海地区经济政治及文化历史等诸多因素，区域合作必然是一个递进的发展过程，合作进程需要由多点、多元逐步归为一元，合作方式由松散、多边逐步转向一体，合作内容由资源设施联动、互补逐步转为共享，合作空间由内陆、城市转向沿海、海洋；产业格局由错位、梯度发展逐步转为集群整合。

一是必须全力确定环渤海区域的核心点，形成有带动能力的区域经济中心。区域一体化需要一个强有力的经济中心，能够承担起组织、协调区

第六章 宏观经济中的区域经济战略布局

域经济活动的重任,合理配置区域内的资源,优化产业结构,使区域的整体竞争力达到最优。环渤海核心区在地域上是"京津冀",但在20多年的实践中,实际是北京放不下特殊的身份,天津积极表现却不能"名正言顺",河北基本是无足轻重。多头便是无头,群龙无首是环渤海区域合作存在的最大问题,也是最敏感、有所顾忌的话题。及早明确核心区核心点的定位,是区域合作发展形成经济中心的关键所在。

天津过去一直是华北地区的工业重镇和金融商贸中心,是我国北方重要的口岸城市。国家"十一五"规划纲要把天津滨海新区纳入国家区域经济发展战略,天津以滨海新区为重要支点,作为经济主导功能的中心城市,应承担起牵领环渤海地区经济发展的战略重任。

目前来看,整个环渤海经济合作的主要特点是松散型、多点(中心城市)、多元(经济区)。由于经济没有发展到一定程度是产生不了互动与协作,环渤海经济区的真正形成还需要时间。因此,当前应做出区域一体化的次优选择,即以"点"带"元"形成经济区内的一体化,如以天津为中心的津京冀经济区一体化,以沈阳经济区为中心的辽东半岛经济区一体化,以济南—青岛为轴线的山东半岛经济区一体化。在三个一体化经济区的基础上实现环渤海区域的一体化,比7省市(城市)的一体化要容易得多。三个经济区内部以及区域之间,广泛开展双边和多边交叉合作,与地区一致合作相比更具灵活性、参与性、互补性、有效性、效率性。

二是在组织框架和制度政策方面实现一体化整合,以完善环渤海区域合作机制。环渤海区域合作机制是"环渤海区域合作联席会议",虽然发挥了一定作用，但联席会议制是筹商机制而不是工作机制，是以政府为主的议事机制而不是多层面协调机制，规定了三层工作机制的框架，但缺乏实施工作机制的工作机构。促进区域合作向更深层面、更多领域发展，建立和完善环渤海区域合作机制已经成为环渤海区域合作发展的必然要求。

环渤海区域合作应在经济政策、组织框架、制度层面进行一体化整合。一要建立强有力的工作机构，包括指导机构、协调机构、执行机构等强有力的推进机构，负责环渤海区域日常组织协调工作，加强信息交流，编制环渤海区域合作发展规划等；二要建立多层面协调机制，包括中央政府指导、城市政府协商、市场中介组织、企业等多层面制度性的区域合作协调机制，通过多方面的具体行动推进区域全方位的合作；三要确立区域合作机制的运行方式，即竞争与合作的运行方式，既有竞争又有合作，在竞争中合作，在合作中发展，实现区域内各地区共同发展的多赢局面；四要制定区域共同市场政策，如经济合作政策、区域资源环境共生政策等，通过强有力的制度保障，协同政府行为，打破区域内各城市间的贸易壁垒、行政壁垒和各种政策特权，形成统一、协调、有效的竞争规则。

三是以环渤海区域发展战略规划为纽带，全面实施环渤海经济带开发战略，形成海洋经济与内陆经济的互动发展。区域经济发展的关键是通过合作实现优势互补，获得互惠互利的发展，提高整个区域的竞争力，使各个地区从整个区域竞争力的提高过程中获取本地区应得的利益。为达到兼顾各方利益的原则，环渤海区域合作机制的主要目标是开展合作，而合作的方向及方式需要通过共同协商而形成一致的共识并形成共同遵循的行动

第六章 宏观经济中的区域经济战略布局

纲领。

加强区域内整体规划功能，引入全区域效益最大化的概念，超越行政区划的界限对环渤海区域发展进行长期规划，构建环渤海经济圈产业发展和空间布局的整体框架。制定区域发展的长期规划，编制《环渤海区域发展规划》和《环渤海区域产业发展规划》，以规划的形式对环渤海区域的合作与发展进行科学引导，同时争取获得国家政策支持。

环渤海区域合作必须基于世界视角考虑和制定区域总体发展战略，即以海为重心还是以内陆为重心。受区位、历史以及传统工业化、重工产业结构的影响，环渤海地区的经济发展重心一直放在内陆。伴随资源枯竭、开放度提高，各省开始将目光转向沿海，辽宁实施沿海经济带开发开放战略，河北提出建设沿海大省，山东提出"海上山东"。各省都有自己的定位，而整个环渤海没有区域沿海和海洋开发战略。

研究规划环渤海沿岸经济带和海洋开发发展战略，将形成环渤海海岸事业的杠杆，对环渤海地区特别具有战略意义。借鉴太平洋各国开发海岸带与规划海岸城市的经验教训，制定一个环渤海海岸带协调发展战略，是环渤海区域经济合作的重要战略任务。辽宁沿海经济带开发开放战略的实施，已经取得一定成效并上升为国家战略，在环渤海经济带的开发上率先迈出重要的一步。

四是多层次全方位地构建环渤海区域合作发展平台，形成共建、共享、共利的运行体系。环渤海区域合作发展应搭建四个层次的平台：一是区域交通网络等基础设施体系；二是区域生产要素的市场化流动体系；三是区域产业发展体系；四是区域城市发展体系。

区域合作是区域经济一体化的初级阶段，而区域合作也有一个先易后难、逐步深化的过程。建立合作发展的共享平台，以发展为目的，以合作为前提，制度衔接为手段，建立保障机制是关键。借鉴长三角的经验，共享平台应坚持共利、共建、共担原则，共同建立区域利益补偿机制，协调各种相关利益，正确处理好中心城市与周边城市的关系、区域功能定位与产业定位的关系、区域内竞争与合作的关系，为区域合作与发展奠定良好的制度环境基础。

从整体上规划区域交通设施建设的战略布局，发展和共享区域综合交通运输网，加强航空港、海港之间的分工与协作，形成完善的空港、海港体系。加快区域性的信息网络系统、商务流通系统、金融系统等一体化的建设，促进物流与商流，为区域合作与发展提供基础平台。

国内外的实践证明，区域经济一体化的形成需要中心城市群的支撑，发挥中心城市在经济发展中的引擎作用。以天津、济南、沈阳为核心，构筑津京唐城市群、山东半岛城市群、沈阳经济区三大区域城市经济圈，同时辐射山西、内蒙古地区，形成联动互动的区域重要增长极，以带动整个区域的经济发展。城市群的形成，既可以有效地发挥中心城市的辐射、吸引效应，形成环渤海地域间遥相呼应的鼎立之势，又能为环渤海区域经济一体化发展起到探索、示范效应，对促进区域空间格局的优化、产业布局的调整、腹地与沿海的互动、现代物流通道的形成都有十分积极的作用。同时，要注重发挥中小城市的比较优势和产业特色，深化城市间产业分工

第六章 宏观经济中的区域经济战略布局

关系。

五是在政府环境、行政环境和制度环境等方面加快创新营商环境步伐,从外部促进和内部动力两方面加强政府行为规制。区域合作组织形式的形成主要有两条途径:第一条,在市场的作用下,在经济主体之间自发形成或主动建立的制度和组织形式;第二条,在区域内政府之间以协议或某种制度的形式确立下来。鉴于环渤海地区市场机制尚有缺失、国有工业企业比重大、企业主体处于弱势地位情况下,区域合作组织的形成路径必然是地方政府。

中国改革的重大特征是政府主导型,地方政府成为一个特殊"竞争主体"。地方政府都是发展型的强势政府,是非常强大的利益主体。区域合作涉及各地区、各部门的利益调整,合作不是分蛋糕,而是共同做蛋糕。因此,跨地区的合作更多的是解决政府之间的"竞争",坚持"真诚合作、制度创新、优势互补、互利互惠、有序竞争、统筹发展"的原则,顺应产业发展和市场化需求,放弃更多阻碍区域间资源要素流动的管制,将区域经济发展的主动权交与经济发展的主体,弱化区域行政壁垒,降低区域经济一体化的制度成本。各级政府要致力于建设以市场机制为核心的经济制度和市场竞争环境,政府通过秩序效率创造经济效率。

沿海发展战略具有以下6个特点。

第一,它集中了我们国家最重大的一批项目,比如说石油、化工、钢铁,也包括核电等最大的项目,现在基本都摆在沿海。

第二,它拥有我们国家最大规模的港口。我国在国际贸易中80%以上的货运量是通过国际航运完成的，而我们国家最大规模的港口都在沿海产业带。现在我们国家港口吞吐能力超过 2 亿吨的已经接近 10 个，超过 1 亿吨的已经 20 多个。按照吞吐量来说，排在第一位的是中国的上海；按照集装箱量来说，排在第一位的是新加坡，第二位是上海。

第三，我们国家对外交流贸易的大通道全部打开。过去我们说是长三角、珠三角，现在可以说是整个沿海全部打开这些通道，我们可以从这些通道走向世界各地，这样就把整个中国的、整个亚太的布局一下改变了。日本的横滨、东京这些大的港口，还有韩国的釜山，加上新加坡这些亚洲大的港口，它们主要的竞争对手都是中国。是不是国际贸易港口，关键看是不是枢纽港，枢纽港最重要的核心指标就是看它的中转量，有多少货物是从你这中转的，像新加坡、韩国的釜山，40%以上的中转量都来自于中国。因此，在上一轮竞争中，由于我们港口的货物贸易、物流成本比较高，大量的货物要通过这些港口中转，而将来沿海战略将形成一大批的枢纽港，这些枢纽港不仅是面向腹地，更多的是要面向世界。因为中国作为制造业的大国，它的贸易量的生成或者说物流量的生成将是非常大的。再加上国际大循环，像铁矿石、铜矿、石油大批量的国际循环和运输，它要有一大批的现代港口做支撑。

第四，沿海有一大批土地储量丰富的地区，可开发的空间和潜力非常大，还有一大批可以再造土地的地区，它的空间也非常大。如营口、锦州、盘锦等土地储量就很大，而我们的土地储量不是耕地，因为全国现在的耕地是 18.5 亿亩，但是不能突破 18 亿亩，18 亿亩是红线。这就意味着

第六章　宏观经济中的区域经济战略布局

内地所有的耕地是不能动的。但是为什么沿海这个战略布局的空间大？比如国务院已经批准广东可以沿海岸线造田、造地180万亩。比如说江苏沿海的连云港、盐城、南通，最大的土地储量在盐城，盐城和营口一样都是沿海滩涂，过去寸草不生，根本不是耕地，但是现在变成了非常巨大的土地储量。营口的土地储量也是在沿海，沿海滩涂过去是一块心病，现在是一块财富。

改革开放初期，我们的土地资源是22亿亩，经过三十多年，我们到了18.5亿亩，减少了差不多4亿亩。按照我国13亿人口的吃饭来说，这18亿亩土地是底线，如果说土地不能保证的话，13亿人吃饭全部要靠进口，我们国家面临的国际风险就更加巨大。

第五，沿海的现代制造业非常发达。现代商业文明的发展，从近代史来说，沿海要大大地优于内地。中国近代史上最早开放的商埠也都在沿海，我们过去讲的丝绸之路可能认为就是甘肃、敦煌、莫高窟、新疆沿着这些路一直到了中亚、西亚，实际上海上的丝绸之路是我们国家另一个重要的丝绸之路。海上丝绸之路也是在沿海，它的起点是广州，沿着广州这一带把我们国家的丝绸、瓷器、茶叶，通过国际贸易走向世界。国家提出的"一带一路"战略就是把陆上丝绸之路与海上丝绸之路结合起来的大战略。

第六，沿海的人才优势凸显。我们国家绝大部分的人力资源，特别是技术资源还是集中在沿海。沿海形成的工业基础，包括人才基础比内地要优得多。因此，国家改革开放形成完整的沿海战略是国家重大的战略布局。

第三条脉络是城市群、城市带、城市圈和新经济圈的形成。内地经济圈的形成，包括内地、沿海。今后的全球竞争，最重要的是体现在大经济区之间的竞争，大城市群、城市带之间的竞争，区域关系从单体的区域竞争走向群体的或者更大群体的区域之间的竞争。这种竞争突出的表现是大的城市圈、城市群、城市带和经济区之间的竞争，全世界现在最大的经济区排在第一的还是纽约、伦敦、东京、阿姆斯特丹这些以城市群为主体的经济区域。

第四条脉络就是四大主体功能区的确立。四大主体功能区是在国家"十一五"规划中提出来的新概念，四大主体功能区包括以下四类。

第一是禁止开发区。禁止开发区包括国家级生态保护区、包括三江源根本不允许开发，国家级自然文化遗产，比如各类国家确定的地质公园都是严禁开发的。

第二类是限制开发区。以保护为主、有限度地开发。比如像三江源的核心区，旅游都是不允许的，只有科考队员能进去，其他人都进不去。

第三类是重点开发区。长三角、珠三角、环渤海等三大城市圈。长株潭部分地区已与武汉城市圈一起，被纳入长江中游地区国家级重点开发区范围。

第四类是优先开发区。优先开发区就是属于土地资源、人力资源、工业基础等条件都比较好的区域，辽宁沿海经济带实际上就是国家确定的优先开发区、优先开发的主体功能群。那些国家确定发展战略加大开发力度

第六章 宏观经济中的区域经济战略布局

的地方，就是国家优先开发区。而且在不同的省份，现在也都在按照这四大功能区在划分，比如广东的粤北有些地方也是不允许开发的，有些城市也已经细化到按城市功能去划分。如中山是在珠三角的一个城市，制造业高度密集，有很多的产业区块，但是它留出来了 300 平方公里的山林、绿地，一届政府一届政府地传下来，不允许开发。所以，现在这个地方的制造业与生态和谐是一个非常好的一个区域。

第六条脉络是国家确定的各类改革试验区。改革试验区是近几年为了推进改革，形成我们国家更加开放的体制、更加国际化的体系，寻求突破我们国家这些瓶颈性的问题所进行的新的尝试。

上海浦东综合改革试验区。它是要进行综合的特别是以政府行政管理改革为主的试验；天津滨海新区，它承担的就是能够通过改革创新，成为带动北部经济发展的北方经济中心。但是，也应该看到，这个地区真正达到这样的定位或者超过这样的定位，取决于这个地区的吸引力、凝聚力、带动力、竞争力及功能是否达到国家定位的水平，现在这种改革试验区都在积极地朝这个方向去努力。成渝城乡统筹的试点。国家把重庆和成都作为城乡统筹的试点，寻求能够突破城乡的二元结构、使城乡能够统筹发展的综合配套试验，在综合配套试验里面允许它对土地进行改革。

第七章　环渤海经济区域合作与辽宁沿海经济带发展

随着 2003 年中共中央、国务院发布《关于实施东北地区等老工业基地振兴战略的若干意见》以及 2004 年在国家的大力推动下，环渤海地区省市领导共同签署《环渤海区域合作框架协议》，环渤海经济区域合作的进程骤然加速，环渤海的各个省份都力图利用环渤海经济区域合作的契机实现本地区经济发展的飞跃。

一、环渤海经济区域合作历程

有关环渤海经济区域合作的历程最早可以追溯到 20 世纪 80 年代，为了避免地方政府在经济自主权扩大以后出现重复投资以及各自为政的局

第七章　环渤海经济区域合作与辽宁沿海经济带发展

面，1986年，在国家计委的强力推动下，我国经济区域被划分为七大块，这其中就有环渤海地区，环渤海经济圈的概念也首次进入人们的视野。在同一年，天津市为了顺应国家计委提出的区域经济发展总体规划，联合环渤海地区的十五个城市（这其中辽宁省占到了六个）举办了一次环渤海城市市长联席会，天津在本次会议上正式当选为主任城市，在本次会议上确立了"联合起来，振兴渤海，服务全国，走向世界"的环渤海地区经济合作工作方针。然而在随后的18年间，环渤海经济区域的合作进展并不顺利，区域内开展实质性合作的城市为数甚少，基本上处于一个各自为政的局面。

当时间来到2004年，即环渤海经济区域合作概念提出18年后，在国家发改委的主导下，环渤海的京、津、冀三地区的发改委达成了进行区域经济合作的《廊坊共识》，三地区一致同意以交通建设为突破口，启动三地区的经济合作发展规划。《廊坊共识》标志着环渤海经济区域合作取得了实质性的进展，对环渤海经济圈的经济发展具有重要的促进作用。2004年5月"环渤海经济圈合作与发展高层论坛"在北京如期举行，参加本次论坛的环渤海七省市地区签署了《北京共识》，同年6月《环渤海区域合作框架协议》签署，该协议建立了环渤海经济区域合作的三层框架，即第一层次是由环渤海地区省长以及直辖市市长担任该组织的轮值主席，第二层与第三层次是政府副秘书长协调制度和部门协调制度。2007年，《天津倡议》在环渤海地区经济联合市长联席会第十二次会议上被提出，该倡议充分考虑了环渤海不同地区的经济诉求,并结合环渤海经济区域发展的整体规划,提出将环渤海经济区打造成为世界级的知识经济带、东北亚最大的制造研发基地、国际性贸易物流中心、具有全球影响力的城市经济区域。近些年来,环渤海经济区域合作持续向纵深发展,环渤海经济区域在我国的经济影响力持续扩大,经济地位逐年上升,截至2010年,环渤海经济区的经济总量已经接近9万亿元人民币,占全国GDP的比例接近30%,环渤海经济圈已经成为继20世纪80年代的珠三角、20世纪90年代的长三角之后,中国经济的第三增长极。随着国家"十二五规划"的推进,我国区域经济重心将逐渐向北方转移,可以预见在未来相当长的一段时间内,环渤海经济区域的重要性将愈加凸显。

二、环渤海经济区域合作中存在的问题

环渤海经济区域合作近些年来取得了巨大的成绩,但是在成绩背后也应该看到环渤海经济区域合作还存在诸多隐患,这些隐患如果不加以妥善解决,必将给环渤海经济圈的进一步发展带来阻碍,同时也不可避免地会给辽宁沿海经济带的发展带来负面影响。总结环渤海经济区域合作中存在的问题,主要表现在以下几个方面。

(一)在基础设施共享方面存在不足

基础设施一般包括两个方面,即社会基础设施和经济基础设施,这两种基础设施对于保证社会经济的平稳运行具有重要作用。对于区域经济体

第七章 环渤海经济区域合作与辽宁沿海经济带发展

而言,基础设施的重要性尤为突出,这是因为尽管区域经济体是一个相对完整的个体,但是在区域经济体内部还有众多各自为政的地方政府,出于各种各样的考虑,这些地方政府之间并不想共享各自的基础设施。简单举例来说,区域经济一体化的重要前提就是交通网络的一体化,但是研究环渤海地区的交通一体化建设就会发现,虽然相比过去而言已经有了很大的进展,但是还远远不能满足环渤海地区经济合作发展的需要,这在很大程度上给环渤海经济圈的高速发展带来了障碍。环渤海地区共有5800多公里的海岸线,在这条海岸线上密布着众多港口,基本上每一个城市有数个大小不等的港口,这就形成了一个"蔚为壮观"的景象,即环渤海地区是我国乃至世界上港口密度最大的地方。各个地方政府之所以如此热衷于港口的建设,其原因有二。一方面,港口建设可以带动当地经济的发展;另一方面,寄希望于港口建成以后提升本地区的运输枢纽的地位。但是大规模的港口建设极大地降低了各个地区对基础设施的共享水平,导致各个地区的港口有很大一部分运输能力始终处于一个闲置的状态,例如根据国家的总体规划,青岛、大连以及天津将组团成为我国的北方航运中心,三个港口在功能与定位方面要相互协调,但是一个不容忽略的现实是,目前三个港口的定位基本一致,为了争抢更多的客户,三个港口城市争得不亦乐乎,这种恶性竞争局面非常不利于基础设施的共享和区域合作的开展。

(二)产业结构趋同现象严重

环渤海经济圈虽然在规划上对三省两市的地位有明确的指向,但是在目前的行政管理体制下，这些地区基本上各自为战，对于能够拉动本地区经济增长的产业项目采取的是一哄而上的做法，导致各个地区之间的产业重合度极高，统计数据显示环渤海经济圈的产业相似度基本上在0.6以上，这其中辽宁与河北的产业结构最为相似，基本上在0.8以上，而且这种趋势还有加剧的倾向。这说明地区之间的产业结构存在极大的问题，不同地区之间必然要为了同一种资源进行竞争，整个地区之间无法形成良好的分工协作体系。例如进入21世纪以后，北京和天津为了打造各自的汽车产业，互相争夺汽车厂商，最终的妥协办法就是各自打造自己的汽车产业，这种做法不仅发生在汽车领域，而且还发生在化工、建材、电力、重型机械等诸多产业，这种产业结构的趋同现象极大地影响到环渤海经济圈的整体发展。

(三) 区域内产业链不完整

与长三角和珠三角相比，环渤海地区的产业链打造处于一个较低的水平。一方面原因在于各个地区之间缺乏合作，各个地区都在试图打造自己的产业链，在相互竞争意识的作祟下，环渤海经济区域合作之路并不顺畅，每一个地区都试图完善本地区的产业链，其最终结果就是整个行业的产能过剩，结果不仅仅是资源配置的效率无法提高，相反还会带来大量的资源浪费。另外一方面原因在于环渤海地区整体配套环境不完善。例如几年前，IBM公司为了选择一个芯片生产地点，考察了环渤海地区的天津、大连等地，但是最终还是选择了上海，一个重要原因就是上海与环渤海地

第七章　环渤海经济区域合作与辽宁沿海经济带发展

区相比具有更加完善的芯片产业链，环渤海地区尽管在人才、科研等方面与上海不相上下，但是产业链的不完整成为环渤海地区发展的绊脚石。同样原因，北大方正舍近求远将其电脑组装生产基地放在东莞，看中的正是该地区的产业聚集度以及产业链的完整性。

（四）区域金融体系运行效率不高

研究表明，金融体系的完善对当地经济的发展具有重要的促进作用，目前环渤海经济圈中金融体系的建设还远远滞后于该地区经济发展的需要，而且即使与长三角和珠三角相比也还存在很大的差距。环渤海经济圈金融业的发展在规模上偏小，在合作程度上不高，环渤海地区各个省市都力图将自己所在的地区建成世界级别的或者区域级别的金融中心。各省市出于自身利益构筑了较高的金融共享壁垒，大大降低了对金融资源的使用效率，使得金融体系对区域经济的带动作用不明显。尽管区域内各个省市已经逐步开始认识到金融体系建设的重要性，但是各地单独规划金融中心的意愿仍然比较强烈，区域内部之间的资金流向没有一个明确的路径可以遵循，这种各自为政开展金融中心的建设状态根本就无法有效地提升区域整体金融效率。

（五）区域内没有起主导作用的经济中心

区域经济的合作发展必须要有一个强有力经济中心来起主导作用，这个经济中心在区域经济的合作发展中要能够担当起一些诸如协调区域之间的合作、引导区域之间资源的流向、优化产业结构，使区域的整体竞争力达到最优的重任。只有如此,才能够实现经济中心对周边地区的强大辐射和带动作用,才能够成为撬动区域经济整体协调发展的杠杆。例如上海在促进长三角地区的经济腾飞中就发挥了不可替代的主导作用,上海作为区域内的经济、政治、文化、科技、信息中心,其对周边地区的辐射带动作用是巨大的,通过在资金、技术以及人才方面的扩散,给周边地区的发展带来了重要的推动作用。但是在环渤海地区一直还没有出现一个绝对的领导城市,区域内的城市如北京、天津、大连等城市为了成为区域内的领导城市相互争夺,但是目前为止还没有一个城市具备区域内的核心城市所要求的各种优势。

(六) 区域内环境恶化趋势明显

近些年来,随着环渤海经济圈经济的起飞,一大批重化工项目相继落户环渤海地区,在促进当地经济发展的同时,也给当地的环境带来压力,突出表现在以下几个方面。一是近岸海域水质超标严重,例如刚刚发生的渤海湾漏油事件就给沿渤海地区的工农业发展带来了极大的损失;二是近海渔业资源急剧衰退(赤潮与过度捕捞造成);三是地下水受到点状或面状污染,水位持续下降,水资源的供需矛盾加剧。在崇尚人与自然和谐发展的今天,上述种种环境恶化的现象必然会给环渤海经济圈的区域合作带来难以跨越的障碍,事实上生态环境的承载力是有限的,环渤海各个地方将环境作为工地的做法,必将带来工地悲剧,不利于整个经济圈合作的可持续发展。

第七章　环渤海经济区域合作与辽宁沿海经济带发展

三、环渤海经济区域合作的策略选择

正如上文所言，尽管环渤海经济圈的区域合作取得了举世瞩目的成绩，但是成绩并不代表环渤海的区域经济合作不存在问题，本文以环渤海经济圈区域合作中存在的问题为立足点和出发点，提出如下几点促进环渤海经济区域合作的策略。

（一）制定具体可行的环渤海区域合作目标，确定环渤海区域的核心点，形成有牵动作用的中心

尽管2004年的《廊坊共识》对环渤海区域经济合作的目标有所界定，但是这种目标都停留在宏观层面，例如《廊坊共识》提出要增强环渤海地区在全国乃至全世界范围内的影响力，要促进环渤海地区整体效益的提高，要实现环渤海地区的可持续发展能力等，这些目标本身并没有错，但是如果目标停留在这一层面而不加以分解，就很难具有操作性以及可行性。著名的管理学大师彼得·德鲁克在《管理实践》提出的目标管理理论认为，整体目标的实现是以整体目标被分解到各个部门为前提的。因此有必要对环渤海经济合作的整体目标加以分解，通过将总体目标分解到环渤海的各个地区，才能保证总体目标的顺利实现。实践证明，区域经济优势的取得正是依赖于各个组成部分的优势，环渤海的各个省市通过各自实现自身的发展目标，从而实现环渤海区域的整体崛起。

(二) 促进区域内人才资源的自由流动，为环渤海区域内的人才流动和吸引区域外的人才发挥作用搭建平台

知识经济时代，人力资源已经成为最重要的资源，一个企业、一个地区的可持续发展都离不开人力资源。但是在既定的时间点，区域内的人力资源尤其是那些高水平的人才，其数量是相对固定的，这就意味着只有对区域内的人力资源进行有效的配置，才能最大限度地发挥人力资源对区域经济发展的促进作用。因此要想实现环渤海区域合作向纵深发展，就必须建立一个能够促进区域内人力资源自由流动的平台，从而实现人力资源的合理配置，为增强环渤海区域合作提供人力上的保障。当然在促进区域内部人力资源优化的同时，也要加大对外部人才的引进力度，通过引进高端技术人才，打造环渤海优势产业，从而促进环渤海区域经济的进一步发展。

(三) 建立并完善竞争与合作相协调的合作机制，在环渤海区域框架和政策制定上进行有效的整合

环渤海的各个省市既是区域经济体的组成部分，同时也是一个个相对独立的区域，因此在发展过程中，各个地区之间难免会有不同程度的竞争，当然这种竞争是统一在合作这个基本前提之下的，理想状态就是在合作中竞争，在竞争中发展。在经济全球化的背景下，区域之间的水平分工趋势已经成为经济发展中不可逆转的一个规律，这一方面是由于生产专业化程度提高所致，另外一方面也是比较优势理论在生产领域的拓展。任何一个地区都不可能占有进行生产所需的全部优势资源，单纯地依靠本地区

第七章　环渤海经济区域合作与辽宁沿海经济带发展

并不占优势的资源与其他地区开展竞争，其结果注定是失败的，因此寻求合作成为区域经济发展的必然选择。经济学研究发现，区域经济合作状态下，合作得越好，区域经济发展的就越好，反之则越差。环渤海经济圈区域合作的本质就是在合作中实现区域经济整体实力的增强，并因此给区域经济的各个组成地区带来更多的经济利益。

（四）成立一个专门的组织机构负责环渤海区域合作，以天津或山东为核心纽带，进行组织协调与合作

虽然目前有环渤海地区市长联席会这样一个机构来协调环渤海经济圈之间的合作，但是由于市长联席会每两年开一次，而且是由各个城市来轮值，这就无法保证联席会运作的连续性，同时联席会的任务主要是环渤海地区经济发展规划和经济政策的制定、研究环渤海地区的发展趋势、协助各成员市扩大开放，实现外引内联，推进环渤海区域与其他区域的经济合作。其扮演的角色更多是参谋以及协调，因此其地位就显得很尴尬。为了推动环渤海经济圈的协调发展，有必要成立一个专门负责该项工作的机构，通过授予这个机构一定的权力来确保环渤海经济圈的各个地区按照环渤海经济发展规划发展。

（五）编制具有长期指导意义的区域整体规划，以环渤海区域发展战略为基础，实施环渤海的海洋经济（蓝色）与内陆（绿色）经济的良性循环互动

优势互补是区域经济获得整体发展的关键要素，只有区域内各个部门能够实现各自所需，才有利于整体核心竞争力的打造，并最终实现1+1大

于2的效果。为达到兼顾各方利益的原则，环渤海区域合作机制的主要目标是开展合作，而合作的方向及方式需要通过共同协商而形成一致的共识并形成共同遵循的行动纲领。

加强区域内整体规划功能，引入全区域效益最大化的概念，超越行政区划的界限对环渤海区域发展进行长期规划，构建环渤海经济圈产业发展和空间布局的整体框架。应制定区域发展的长期规划，编制《环渤海区域发展规划》和《环渤海区域产业发展规划》，以规划的形式对环渤海区域的合作与发展进行科学引导，同时争取获得国家政策支持。

环渤海区域合作必须基于世界视角考虑和制定区域总体发展战略，即以海为重心还是以内陆为重心。受区位、历史以及传统工业化、重工产业结构的影响，环渤海地区的经济发展重心一直放在内陆。伴随资源枯竭、开放度提高，各省开始将目光转向沿海，辽宁实施沿海经济带开发开放战略，河北提出建设沿海大省，山东提出"海上山东"。各省都有自己的定位，而整个环渤海没有区域沿海和海洋开发战略。

环渤海地区要实现跨越式发展，必须在空间上实现突破，进入由内陆转向沿海、海洋开发的阶段。以开发环渤海沿岸经济带、海洋资源为契机，进行区域经济合作未尝不是一个突破口和新的增长点。经过多年的发展，我国陆地上的资源已经消耗殆尽，而海洋资源的开发还处于一个起步阶段，因此我国经济未来从陆地转到海洋的发展趋势不可逆转。而沿海地区的长三角与珠三角地区经过多年的发展，已经形成一个比较完善的经济纽带，在未来的发展过程中，如果环渤海地区不能迎头赶上的话，其地位

第七章 环渤海经济区域合作与辽宁沿海经济带发展

将会更加边缘化。环渤海是东亚、东北亚的边缘地带，放眼环太平洋经济合作，其开发更具有历史意义。

研究规划环渤海沿岸经济带和海洋开发发展战略，将形成环渤海海岸事业的杠杆，对环渤海地区特别具有战略意义。借鉴太平洋各国开发海岸带与规划海岸城市的经验教训，制定一个环渤海海岸带协调发展战略，是环渤海区域经济合作的重要战略任务。辽宁沿海经济带开发开放战略的实施，已经取得一定成效并上升为国家战略，在环渤海经济带的开发上率先迈出重要的一步。

目前，亟须沿海省市从沿海发展战略出发制定规划，充分发挥环渤海的矿产、交通、物流、养殖、旅游、生态等各种资源的功能作用，合理、科学、有序地建设环渤海沿岸经济带。区域港口分工与合作模式的选择是沿海地区产业合作的基础和支撑，应对区域内港口产业和综合交通体系一规划、合理分工、优化组合，整合腹地货源市场。第十三次环渤海区域合作联席会议通过了"成立环渤海区域口岸合作组织"工作议案，已经为环渤海经济带开发开了个头。在环渤海沿海沿岸及海洋资源开发的同时，亟须建立区域性经济开发和生态环保的协调机制，协调和解决各种海洋开发的关系和矛盾，综合利用和有效保护海岸带资源。

（六）按环渤海整体框架协调机制搭建区域合作发展平台，全方位地建立共建、共营、共享、共利的发展格局

环渤海区域合作发展应搭建四个层次的平台：一是区域交通网络等基础设施体系；二是区域生产要素的市场化流动体系；三是区域产业发展体

系；四是区域城市发展体系。

区域合作是区域经济一体化的初级阶段，而区域合作也有一个先易后难、逐步深化的过程。建立合作发展的共享平台，以发展为目的，以合作为前提，制度衔接为手段，建立保障机制是关键。借鉴长三角的经验，共享平台应坚持共利、共建、共担原则，共同建立区域利益补偿机制，协调各种相关利益，正确处理好中心城市与周边城市的关系、区域功能定位与产业定位的关系、区域内竞争与合作的关系，为区域合作与发展奠定良好的制度环境基础。

区域内各个城市在交通、信息、技术等方面的健全与完善对于促进区域经济的整体发展具有重要作用。一般来讲，区域内各个城市之间的互补性越强，那么整个区域经济的聚合效应也就越大。从整体上规划区域交通设施建设的战略布局，发展和共享区域综合交通运输网，进一步加强港口与航空之间的分工与协调，从而形成一个陆海空三位一体的立体化交通网络，进而促进物流与商流的流动通畅，为区域内的合作与发展构筑坚实的平台基础。

区域合作归根到底要靠市场的力量，区域经济一体化的基础和核心是市场一体化。在人才资本、教育资源、交通设施、信息资源以及管理资源等方面进行广泛合作，建立区域统一的商品市场和生产要素市场，培育统一开放的区域市场体系，建立区域水资源保护和环境治理监理机制。取消地方保护，制定货物、服务、人员和资本等要素自由流动需要的产业政策和社会保障政策，减少区际交流阻力、降低市场交易成本，提高资源在地

第七章 环渤海经济区域合作与辽宁沿海经济带发展

区间、产业间的配置效率,实现区域内各地区的协调发展和各类经济主体之间的互利互惠。

区域合作矛盾最突出的莫过于产业趋同、竞争大于合作。产业布局是历史积淀和市场化的结果,政府不能完全主导。在协调区域产业发展上,应更多地通过区域产业政策的积极引导,各地区以工业园区和工业走廊为载体发展自身的特色产业,加强区域内分工协作,如汽车产业、物流产业、旅游产业等实现产业协同互动、梯度发展,打造"专业化、关联化、高端化"的产业结构。鼓励跨行政区的企业重组联合,逐步形成具有一定规模和竞争力的区域性产业集群。加强共同目标的技术协作和经济贸易合作,对重大产业项目、重大技术研发项目和跨地区资源整合,建立高层次的合作联动机制、信息沟通机制、区域协调机制。伴随环渤海沿线经济带的开发,应整合跨地区的内陆与沿海产业链,加强垂直分工、互补发展,在产业链条的同一环节上向优势区位集聚,放大产业集聚的溢出效应,探索区域发展统筹产业布局的新模式。

国内外的实践证明,区域经济一体化的形成需要中心城市群的支撑,发挥中心城市在经济发展中的引擎作用。以天津、济南、沈阳为核心,构筑津唐城市群、山东半岛城市群、沈阳经济区三大区域城市经济圈,从而形成新的经济增长点,并进而带动整个区域经济的发展。事实上,城市群的形成,不但可以在一个区域内形成资源聚集的效应,而且还可以与其他区域经济体形成互补互促形式。

四、环渤海经济区域合作对辽宁沿海经济带发展的促进作用

辽宁沿海经济带一共包括锦州、葫芦岛、营口、盘锦、大连和丹东等6个城市，作为环渤海经济圈的重要组成部分，辽宁沿海经济带在环渤海经济圈的发展中获得了巨大的发展空间和前景。统计数据显示，2010年辽宁沿海6个城市实际利用外资额高达132亿美元。在经济增长方面，辽宁沿海经济带的平均增速都远超辽宁的平均水平；在出口方面，辽宁沿海经济带更是一枝独秀，可以说辽宁沿海经济带借助环渤海经济区域合作的东风已经到了一个最好的发展时期。环渤海经济区域合作对辽宁沿海经济带发展的促进作用如下。

（一）有利于辽宁沿海经济带产业结构的优化升级，同时进一步带动东北地区产业结构的优化升级

辽宁沿海城市地理位置优越，很多城市都有深水码头，纵观国际范围内沿海产业带的形成和发展，往往离不开港口的支撑。例如韩国的浦项工业带、日本的名古屋工业带以及新加坡的裕廊工业带基本上都是通过港口城市的发展而形成的。环渤海经济的区域合作为辽宁沿海城市的港口建设带来了巨大的发展空间，并为辽宁沿海城市的产业结构调整优化奠定了良好的基础。辽宁沿海城市的工业布局基本形成了港口与工业区紧密结合的典型特征，这样不仅仅形成了产业聚集的效应，而且大大节约了产品的运输成本。依托于整个环渤海经济圈的快速发展，辽宁沿海经济带的作用日渐凸显，据统计资料显示，东北腹地所需钢铁的1/2、铁矿石以及原油的1/3左右都是通过辽宁沿海港口城市来运进运出。根据环渤海产业规划，

第七章　环渤海经济区域合作与辽宁沿海经济带发展

辽宁沿海产业要以石油化工、船舶制造、有色金属冶炼、海产品深加工等为主，这些产业基本上都是重化工产业，通过发展重化工产业可以有效地改变辽宁沿海的产业结构，从而使辽宁沿海产业带成为环渤海经济圈的重要一环，再加上韩国与日本开始对环渤海地区进行产业转移，辽宁沿海独特的区位优势将使辽宁沿海经济带成为国家新型产业基地的主要承载地，并进一步带动东北地区产业结构的优化升级。

（二）有利于促进辽宁沿海城市的城市化进程，使辽宁的城市化进程按照科学、优化、可持续的方向发展

广义的环渤海经济圈占地面积超过 100 万平方公里，区域内人口数量高达 2.6 亿，按照环渤海经济区的长远规划，环渤海经济圈承担着在未来成为拉动我国经济增长第三级的重担。而研究世界经济发展的进程就会发现，一个区域经济快速增长的过程也是该区域人口快速城市化的过程，一定意义上讲，城市化是经济发展的必然结果。伴随着环渤海地区经济的崛起，辽宁沿海城市的城市化进程将进一步加快。事实上在促进环渤海经济产业快速发展中，要想实现区域经济的协调发展，必须要将沿海城市的城市化进程当成一项重要的工作来抓，各级政府要结合当地实际，采取多种措施来加快城市化的进程，而这一点已经成为辽宁沿海城市的共识。根据辽宁省的规划，辽宁沿海经济带要利用环渤海经济发展的有利契机，通过建设辽宁沿海经济带滨海大道的建设来促进大道沿线的城市化进程。在辽宁沿海经济滨海大道上将建成 24 个工业园区，按照"统筹规划、以城带乡、规模适度、布局合理、功能健全、环境整洁"的要求，大力发展小城镇建设，发展特色产业集群，逐步实现人口向沿海大城市和小城镇聚集，

从而为加快东北地区的城市化进程做出重要贡献。

（三）有利于辽宁沿海经济带外向型经济的发展，率先实行更加积极主动的开放战略

环渤海经济圈发展的一个重要动力就是发展外向型经济，世界500强中有80%以上的企业都在环渤海经济圈中建立了分支机构，这给该地区发展外向型经济提供了便利。而辽宁沿海经济带作为环渤海经济圈中重要的一环，也在环渤海外向型经济高速发展中受益匪浅。数据显示，2010年辽宁沿海城市出口贸易额高达320亿美元，根据辽宁沿海经济带发展规划，预计到2020年，辽宁沿海经济带对外贸易出口额要达到1000亿美元。应该看到相比环渤海区域的其他地方，辽宁沿海经济带在发展外向型经济方面更具有优势，这是因为辽宁沿海与韩国、日本隔海相望，同时加上辽宁与韩国、日本在产业结构上具有极强的互补性。以往日本投资的区域主要集中在山东、江苏、上海等地，韩国的投资则主要集中在广东与江苏等地，但是这种情况近年来在环渤海经济圈的蓬勃发展中有所改变，辽宁沿海经济带已经成为吸引日资与韩资的首选之地，而这种情况预计在未来很长的一段时间内还将持续，在环渤海经济圈的助推下，辽宁沿海经济带外向型经济的发展空间巨大。

（四）有利于辽宁沿海经济带海洋经济的发展，发挥带动辽宁三大战略协调有序发展的作用

海洋是一个宝藏，其间含有各种有用的资源，然而长期以来，我国对海洋经济的发展都不太重视，导致我国海洋经济的发展与日本和韩国相比

第七章　环渤海经济区域合作与辽宁沿海经济带发展

处于一个落后状态，同时也无法满足国民经济发展的需要。近年来，海洋经济的重要性已经引起专家学者的高度重视，在环渤海经济发展规划中，海洋经济的重要性被提到一个相当高的位置。在充分借鉴长三角与珠三角在发展海洋经济的基础之上，环渤海经济圈重点提出要发展海洋化工、海洋养殖、海洋旅游等海洋产业。在环渤海经济圈大力发展海洋经济的背景下，辽宁沿海城市应立足当前、着眼长远，通过采取各种有效措施迅速跟进，各城市应将海洋经济的发展放在更加重要的位置。事实上，辽宁沿海经济带将海洋经济作为促进经济发展的重要动力，既是整个环渤海经济圈发展的客观推动，同时也是因为该地区的海洋资源丰富以及区位优势。在传统海洋产业方面，辽宁沿海城市通过利用改造沿海地区废弃的盐田、盐碱地和荒滩，提高海岸资源的利用效率，促进了临海工业、海盐业、近海洋渔业和沿海旅游业的大力发展。在海洋新兴产业方面，海洋油气业、船舶制造业、海洋医药业、海洋功能食品等相关产业也获得了长足的发展。

（五）有利于实现东北老工业基地的全面振兴，为其他地区的全面发展起到示范作用

东北是我国传统的工业区域，改革开放以后，该区域经济发展处于一个缓慢增长的阶段，进入21世纪以后，国家开始重视东北老工业基地的振兴，广义上讲，环渤海地区属于大东北的一部分，二者无论是在产业结构契合度上，还是在地理位置上都具有紧密的联系。环渤海经济圈的发展将带动东北产业结构的转型与升级，这是因为环渤海经济发展规划中的产业都具有极高的资本与技术扩散效应，而资本与技术正是实现东北振兴的关

键。从目前东北经济发展的总体状况来看,东北地区传统产业技术落后的现状并没有得到根本性的改变,其根本原因在于东北地区产业的改造一直处于一个引进技术—落后—再引进—再落后的循环之中,而环渤海产业带的打造将从根本上解决这个问题,即通过打造全新的产业,把技术引进和资本引进结合起来,在提高传统产业技术水平的同时优化产业组织,从根本上解决老工业基地传统产业自我生存与发展能力低下的问题。从这个意义上讲,环渤海经济地区是推动东北老工业基地传统产业改造的重要力量。

(六)有利于促进东北亚的繁荣,形成辐射东北亚的以沈大带为核心的金融、文化、经济中心地带

环渤海经济圈的发展有利于东北亚地区之间的繁荣,无论是环渤海经济圈内部区域之间的合作与发展,还是环渤海区域与外部地区的经济合作与发展,其实质都是合作。通过合作可以实现不同区域之间的优势互补,正如上文所言,环渤海经济圈与亚洲最发达的两个国家日本、韩国山水相依,经济互补性极强,通过之间的相互合作可以有效地促进整个经济体之间的和谐发展。一是随着环渤海区域经济合作的发展,将促进东北亚各地区进行经济体制与行政管理体制改革,从而为经济的合作奠定政策层面的基础;二是随着区域内部资源与商品流动障碍的逐步消除,不同地区之间资本、技术和人才自由流动的环境将得到改变。随着区域经济合作的不断深入,参与区域经济合作的东北亚各国都面临着经济再次腾飞的巨大机遇。

第七章　环渤海经济区域合作与辽宁沿海经济带发展

伴随着环渤海经济圈地位的提升，经济影响力日益扩大，辽宁沿海经济带作为环渤海经济圈的重要组成部分，依托于环渤海经济的区域合作获得了新的发展机遇。长远来看，环渤海区域经济合作对辽宁沿海经济产业带的促进作用影响深远，这种影响不仅局限在上文提及的产业结构优化、城市化进程加快、海洋经济的发展等方面，而且这种影响还将超越经济层面延伸到社会层面。在环渤海经济区域合作的宏观背景下，辽宁沿海城市要顺势而为，充分利用环渤海经济圈在经济、政策等层面获得的优势，从而促进本地区经济的持续健康发展。

第八章　建设东北区域性国际金融中心探析

辽宁在东北地区具备得天独厚的区位优势、良好的区域金融基础和区域综合辐射带动能力，建设立足辽宁、辐射东北、面向东北亚和国际金融市场的东北区域性国际金融中心，是加快东北经济区建设，实现辽宁及东北老工业基地全面振兴的重大思维转变和方式转变。

一、东北区域性国际金融中心建设的基本思路

东北区域性国际金融中心建设的基本思路是：以国家振兴东北等老工业基地的"四新"要求和党的十七大提出的加快经济发展方式"三个转变"为指针，以深入抢抓国家振兴东北老工业基地以及国家新一轮深度推进全国改革开放重大历史机遇为动力，树立区域化和国际化"两大战略发展思维"，统筹把握国家四大经济区建设和金融等现代服务业协调优先发

展"两个大局",着力构建布局合理、分工明确、优势互补、相互促进的区域金融发展新格局,加快建设"企业总部聚集、金融机构集中、金融市场发达、金融信息灵敏、金融设施先进、金融运行高效、金融秩序规范"的金融聚集区;着力打造立足辽宁、辐射东北、面向东北亚以及国际金融市场开展竞争与合作的金融组织体系,加快推进功能性市场、功能性机构以及总部级和区域总部级银行、证券、保险、信托、基金、期货、投资、担保、租赁、财务、债券、金融中介服务以及金融控股集团等金融机构的创新与发展;着力营造有利于促进金融业发展的政策环境、人才环境和生态环境,加快建立和完善行之有效的金融产业政策、金融人才选用机制和金融监管体系,努力把辽宁金融业发展成为支撑辽宁中部城市群经济区、辽东半岛沿海经济区和辽西锦州湾沿海经济区建设,支撑东北经济区加快改革、开放和建设步伐,支撑东北老工业基地经济社会协调发展和全面振兴,促进全国金融业发展和总体金融格局建设,推动辽宁、东北乃至全国经济发展方式实现"三个转变"的重要产业,把辽宁建设成为具有重要金融辐射和带动作用的东北区域性国际金融中心。

二、突破重点

(一)区域重点——"两区两街",即沈阳金融商贸开发区、大连星海湾金融城和沈阳金融街、大连金融街

沈阳金融商贸开发区要进一步加大区域内环境整治、"退二进三"和统筹规划力度,要按照建立金融体系健全、金融功能完善、优势产业突

出、区域标识亮丽个性的开发建设理念，加快金融专业功能区的细分和专业金融机构、专业金融市场的引进与培育。鉴于区域内交通拥挤、产业复杂、面积狭小，以及现有区域位置为当初开发北站地区而确定，已经制约金融聚集区的综合辐射带动能力，已经不能适应建设东北区域性国际金融中心重要产业聚集区现实需要等原因，建议从沈阳区域总体战略发展和城市整体经营的全局出发，打破行政区划界限，将市府大路以北、黄河大街以东的和平区北市地区划入沈阳金融商贸开发区，并积极争取国家政策支持，努力将沈阳金融商贸开发区由省级开发区晋升为国家级开发区。

大连星海湾金融城要按照既定总体开发建设规划，加大开发建设力度，加快开发建设进程，按照高标准、国际化的要求积极培育和率先引进国际一流水平的大银行、大机构和大财团，努力把大连星海湾金融城打造成为东北地区环境最优、国际化水平最高、最能代表东北区域性国际金融中心实力和形象的国内领先、国际一流的金融商务聚集区，实现大连、辽宁以及东北地区金融功能与形象的新跳跃。

沈阳金融街要加大环境整治力度，按照既定规划加快高标准开发建设进程，尽快树品牌、树形象，按照国际化、现代化、智能化、人本化和景观化原则改造和完善软硬服务设施，积极引进国内外一流的金融机构入街发展，大力发展金融、商务、服务外包和文化创意等现代服务业，努力建设成为最能代表沈阳金融商务等现代服务业发展形象和国际化特征的重要景观功能街。

大连金融街要在现有较高基础和水平前提下，不断提升与世界经济和

第八章　建设东北区域性国际金融中心探析

国际金融更好对接的软硬环境，在建筑风格、国别标识、丰富语种信息、国际化和人本化服务设施等方面，加大改进和完善力度，进一步增强国际化功能和色彩，进一步增强对国际化一流金融、商务机构的吸引力和凝聚力，努力建设成为最能代表大连、辽宁及东北地区国际金融化程度与水平的重要景观功能街。

（二）产业重点——"十二大产业"，即银行、证券、保险、信托、基金、期货、投资、担保、租赁、财务、债券、中介产业

要加大力度健全和完善以银行、证券、保险、信托、基金、期货、投资、担保、租赁、财务、债券、中介为主要内容的金融组织体系，创造条件支持和鼓励金融产业的创新和发展，面向国内外积极引进各类金融机构。对于现有机构，要千方百计地鼓励和支持做大做强或做精做优；对于目前机构数量较少、规模较小的产业，要千方百计地加大力度培育和引进；对于目前尚属空白的产业如基金产业，要千方百计地发挥后发优势，努力实现零的突破，并尽快争取实现做大做强。

（三）功能重点——"两大功能"，即期货交易所功能和产权交易所等初级资本市场交易所功能

根据目前辽宁金融业的区域功能性比较优势与近期发展潜力，以及调查研究掌握的相关情况来看，大连商品期货交易所和沈阳联合产权交易所是近期既具有重大发展潜力，又符合市场需求和振兴东北老工业基地需要的两大重点功能性金融。大连商品期货交易所作为东北地区唯一的全国性金融市场，以大豆系列品种和玉米为代表的农产品期货，在国内外期货领

域中已经具有较好的市场地位，相应的期货功能已经开始明显显现，目前期货新品种正在陆续开发、批准和上市交易，但是期货品种仍然单一，总体规模依然偏小，竞争、发展和未来被吞并的压力依然存在。目前全球期货交易份额中金融期货占有91%左右的比重，商品期货仅占9%左右。我国期货市场中的有色金属、橡胶、燃料油等期货品种主要集中在上海，正在筹备推出的金融类股指期货、黄金期货和钢材期货等品种也将落户上海。从未来参与市场竞争，以及立足于东北资源优势和产业优势，服务于东北区域经济发展和老工业基地振兴的角度来看，迫切需要上品种、上规模、上档次。根据当前及今后一定时期我国期货市场的潜力品种需求分析，应当积极争取增加石油类期货品种落户大连商品期货交易所，因为东北具备较强的竞争优势和政策优势，既是石油产地聚集区，又是原油加工聚集区和集散地，而且符合国家《东北地区振兴规划》提出的"依托大连商品期货交易所，大力发展期货贸易，建设亚洲重要的期货交易中心"的国家区域政策和产业政策。按照国家《东北地区振兴规划》的政策要求，积极开发工业品类商品期货上市，特别是争取石油期货品种上市，不仅将为大连商品期货交易所能够带来将近1000亿元人民币的客户交易保证金，而且对于奠定大连商品期货交易所的国内金融地位，对于建设东北区域性国际金融中心，都将起到重要的决定性推动作用。

沈阳联合产权交易所作为全国初级资本市场中一个重要组成部分，是促进东北老工业基地庞大国有资产和资源，实现合理优化与配置的重要功能性金融场所，对于加快老工业基地振兴具有重要的推动作用，国家《东

第八章　建设东北区域性国际金融中心探析

北地区振兴规划》明确提出要"充分利用沈阳产权交易中心，建立面向东北地区的产权交易市场"。目前，沈阳联合产权交易所虽然在东北地区处于领先地位，但是在全国产权交易体系中仍然还是处于第二梯队的领军位置，产权交易规模和领域仍然偏小，远远满足不了东北地区各类产权交易的现实需要，未来发展的潜力十分巨大。当前，沈阳联合产权交易所要积极抢抓国家提出加快发展多层次资本市场、大力推进企业联合重组、深化国有企业公司制股份制改革、推动林权、矿权和土地经营使用权改革、新《公司法》出台、《物权法》出台、《东北地区振兴规划》出台、进一步加大改革开放力度以及鼓励更多群众拥有财产性收益等一系列千载难逢的重大历史机遇，拓宽区域发展视野，整合区域产权交易资源，加强区域联合，要在全力做大做好现有企事业单位产权、债权、知识产权等交易品种的基础上，大力开拓金融债权、企业股权、林权、矿权、土地使用经营权以及各种物权和资产权等交易新品种，与此同时，要紧密结合东北老工业的实际情况和现实特点，积极争取国家优先赋予辽宁面向东北地区开展非上市公司股权柜台交易的优先试点权，在沈阳联合产权交易所率先设立代办股份转让系统，为东北老工业基地建立新的资产流动渠道和企业融资渠道，促进老工业基地经济结构调整和经济发展方式转变，努力走在全国初级资本市场发展的前列，努力把沈阳联合产权交易所打造成为东北产权交易中心市场和东北地区核心初级资本市场，成为东北区域性国际金融中心建设中一个重要的功能性核心组成部分，成为全国金融市场总体布局中的一个重要组成部分。

(四）市场重点——"外汇和票据交易两大市场"，即以大连外汇交易中心和工行票据营业部沈阳分部为依托的外汇交易市场和票据交换市场

大连外汇交易中心和工行票据营业部沈阳分部，是目前在东北地区具有明显比较优势的两个金融市场。大连外汇交易中心作为东北地区的外汇中心市场，要努力拓展辐射领域和辐射深度，努力提升外汇市场功能，加强对外宣传力度，努力打造成为具有国内外重要影响力的东北外汇中心交易市场品牌。工行票据营业部沈阳分部作为东北区域重要的票据交换中心，要努力巩固在东北地区的龙头地位，积极开展横向交流与合作，千方百计拓展市场交易范围，要积极争取工行总行和人民银行的政策支持，不断强化体制创新和机制创新，力争建设成为融资功能强大，在国内具有重要影响和地位的东北票据交易中心市场。

(五）机构重点——"六大机构"，即沈阳盛京银行、大连银行、大连大通证券公司、沈阳辽宁中天证券公司、大连华信信托公司和沈阳弘泰信托公司

沈阳盛京银行和大连银行要积极稳健地拓展区域经营范围，尽快实现在全国更多重要核心城市设立分行和在辽宁省内及东北地区设立分支机构，并尽快实现上市融资，同时要加大金融产品的创新力度，积极探索综合性经营的新途径新办法，千方百计地发挥体制机制优势和后发优势，努力适应国内外金融业发展的新形势和新情况，不断提高金融经营水平和综合竞争能力，努力实现积极、稳健和跨越式发展，努力在东北区域性国际金融中心建设中发挥核心牵动作用。

第八章 建设东北区域性国际金融中心探析

大连大通证券公司和辽宁中天证券公司要抢抓我国金融业全面开放和全面加快金融深化步伐，以及证券业加速发展的难得历史机遇，积极拓宽经营范围，努力拓展经营深度，尽快改善经营领域和利润来源单一的局面，力争在东北老工业基地全面振兴中，发挥更加突出的投资银行和资本经营专业队伍的职能和作用，全力打造辽宁证券公司发展新形象，其中大连大通证券公司要努力争取尽快上市融资。

大连华信信托公司要加快信托业快速发展的有利机遇，深度经营传统信托业务，努力开发和创新信托产品，努力拓展经营领域和范围，尽快实现经营范围向全省及东北整个地区的突破，努力发挥辽宁、东北及全国信托机构数量较少和信托业自身的综合比较优势，尽快在稳健经营的前提下实现超常规和跨越式发展，争取早日实现上市，并争取在组建金融控股集团方面走在辽宁及东北金融机构前列，成为东北地区金融创新和发展的重要力量，成为引领东北区域性国际金融中心建设的重要力量。沈阳弘泰信托公司要抓紧改制创建步伐，力争尽快开展业务经营，并争取利用后发优势，尽快发挥信托业在东北区域性国际金融中心和东北老工业基地全面振兴中应有的重要作用。

（六）创新重点——"五大领域"，即大连商品期货交易所以石油期货为核心的工业品类期货上市、沈阳联合产权交易所以非上市公司股权流动转让为核心的区域性初级资本市场建设、以基金管理和产业投资为核心的基金产业创建与发展、以率先开展金融综合性经营为核心的金融控股集团的组建、沈阳金融商贸开发区晋升为国家级金融商贸开发区石油期货是大连商品期货交易所跨越升级的重要产品，要发挥区位优势明显以及已经进行了较好的前期研发与准备的基础优势，持续加速推进。初级资本市场几乎是东北区域性国际金融中心建设过程中唯一仅存的重大金融市场战略发展机遇，目前国家开展非上市公司股权流动转让的时机和条件已经基本成熟，沈阳联合产权交易所要积极争取，抓紧筹备，力争率先突破。基金产业是东北经济区建设和东北老工业基地实现全面振兴中极具生机、活力、效力和潜力的重要产业，要抓紧谋划，尽快创建和设立。金融综合经营和金融控股集团是提升辽宁及东北地区金融竞争能力的重要内容，要扶优扶强，整合资源，加快探索。创建国家级金融商贸开发区是建设东北国际金融中心的重大战略，也是国家支持东北老工业基地全面振兴的重大政策，沈阳金融商贸开发区已经省政府上报国家相关部门，应举全省之力强力推进。

三、保障措施

（一）加强领导

建议将加快建设东北区域性国际金融中心作为进一步调整产业结构，优化产业生态，培育新的经济增长点，提升沈阳和大连及其核心区域在全省的功能与作用，促进辽宁沿海经济带和沈阳经济区一体化建设，促进全省"三大经济区"建设，提升辽宁在东北地区功能与地位，加快经济发展方式"三个转变"，加快建设国家新兴产业基地，将加快实现辽宁及东北老工业基地全面振兴的重大战略措施，纳入重要工作日程，像重视工业一样重视金融业,像抓工业发展一样抓金融业发展,像抓工业重点企业一样抓金融重点企业,像抓辽宁沿海经济带开发建设一样抓"两区两街"重点金融聚集区的开发建设,加强领导,精心组织,务求实效。

(二) 形成合力

沈大两市、"两区两街"、各重点金融机构、全省其他各市及其相关金融机构,要打破封闭、保守、落后的思想观念,避免各自为战,重复建设,盲目竞争,甚至恶性竞争,树立开放、合作、共赢的发展理念,加强合作,取长补短,优势互补,协同发展,形成合力,努力实现互利共赢。要放宽准入门槛,加强横向联合,引导、鼓励和支持金融企业与金融企业之间,金融企业与非金融企业之间,跨区域、跨行业、跨产业开展资源整合与重组兼并,跨省、跨国走出去开展金融合作,拓展金融市场,整合金融资源,开展金融业务,扩大资产规模,增强综合实力,努力在国际金融市场上发展壮大。

(三) 统筹发展

一是要在重点推进沈阳、大连以及"两区两街"金融业发展的同时,统筹推进其他城市特别是锦州等辽西区域重点城市的金融业发展。二是要在重点推进区域性"两大功能性机构"发展的同时,统筹推进其他区域性功能机构的创建和发展。三是要在重点推进区域性"外汇和票据两大市场"建设的同时,统筹推进区域性同业拆借、基金、债券以及金融衍生品等其他金融市场的发展与创建。四是要在重点推进区域性"六大重点金融机构"发展的同时,统筹推进锦州城市商业银行、营口城市商业银行、沈阳诚浩证券公司、辽宁省农信联社、大连农信社、三大财务公司、骨干期货公司等区域内其他主要地方法人金融机构的发展,以及驻辽内资外资金融机构的发展。五是要在重点推进银行、证券、保险、信托、基金、期货、投资、担保、租赁、财务、债券、中介产业"十二大产业"发展的同时,统筹推进典当、拍卖、收藏、外包等其他相关产业的发展。六是要在重点推进"五大领域"创新突破的同时,统筹推进其他金融领域的产品创新和体制机制创新。

(四)完善政策

一是给予"两区两街"比照辽宁沿海经济带相关财税政策,以2007年为基数,从政策施行之日起连续执行三年,主要用于支持"两区两街"软硬基础设施建设和主导产业发展。二是对"两大功能性机构""外汇和票据两大市场"和"六大重点金融机构"按15%的税率征收所得税。三是新设立与新进入的总部级包括区域总部级金融机构的办公用地和办公场所给予特殊的土地、税收等优惠政策。四是借鉴北京、上海、深圳等地扶持金融业发展的相关经验,设立辽宁省金融业发展专项基金,主要用于支持和鼓励总部级或区域总部级金融机构创新发展、金融高级人才引进、金融研发、表彰金融创新成果和机构及个人的突出贡献。五是实施特殊的金融人才选拔和引进政策,相关党政部门要增加金融人才的干部配备与使用,特殊部门、特殊岗位以及"两区两街"允许破格使用金融业绩突出的金融人才担任重要岗位,对于省外引进的高级金融人才,要在户籍、职称、子女上学等方面给予有效的政策支持。六是积极争取国家政策支持,重点包括将沈阳金融商贸开发区晋升为国家级开发区；批准沈阳联合产权交易所试办非上市公司产权流动转让业务；支持大连商品期货交易所开发以石油期货为核心的工业品类期货产品上市交易；批准设立有利于促进辽宁及东北老工业基地振兴和发展需要的产业投资基金；允许优先创立金融控股集团；允许探索和创建既具有市场需求又具备可操作性的全国性金融市场或区域性金融市场；支持沈阳盛京银行和大连银行加快跨区域经营步伐，尽快在北京、上海等发达地区设立分行，以及在达标合格前提下，优先批准发行上市，等等。

（五）营造环境

一是要坚持以人为本，营造有利于国内外金融业人才聚集发展的人文环境。二是要加强以"两区两街"为重点的区域金融基础设施建设，营造良好的金融发展空间和发展环境。三是要不断提高金融业国际化水平，营造良好的金融业对外开放环境。四是要加强金融监管和征信体系建设，营造良好金融生态环境。

第九章　新型城镇化必须坚持大中小城市和小城镇协调发展

从世界范围各个国家的发展历程来看,城镇化是人类社会发展的一个重要趋势。长期以来,中国城镇化两极分化现象非常严重。一方面是少数大城市人口规模持续膨胀,并衍生出一系列的负面问题;另外一方面是几十年来中国小城镇减少上百个,小城镇始终得不到长足发展,甚至出现一定衰退,这种情况对于中国城镇化的发展来说是极为不利的。这种两极分化的城镇化发展模式大大透支了中国城镇化发展潜力,同时对于城镇化发展质量也是一个负面的影响。[①] 当前中国正处于城镇化发展的关键阶段,在既有的城镇化模式暴露出来诸多问题的背景之下,亟须通过走大中小城

---

① 谌术能. 论大中小城市和小城镇协调发展的理论与实践 [J]. 黑龙江科技信息,2011 (3).

第九章　新型城镇化必须坚持大中小城市和小城镇协调发展

市和小城镇协调发展的城镇化之路来实现城镇化的高质量发展。

一、大中小城市和小城镇协调的必要性

坚持大中小城市和小城镇协调发展是中国现实国情下城镇化的必然选择，是中国城镇化道路的基本方向。具体来讲，大中小城市和小城镇协调发展的必要性主要体现在以下几个方面。

（一）平衡区域发展的必然要求

大中小城市和小城镇协调发展是平衡区域发展的必然之举。中国东西部地区之间，城市与农村之间，地区之间发展水平不一，经济水平参差不齐，虽然从整体来看，中国经济发展规模跃居世界第二，人均国民生产总值突破5000美元，但是整体成绩的背后依然有很多的地区处于一个贫困状态。[①] 很多小城镇以及城乡结合部经济发展水平非常低，在大中城市对于资源聚集效应不断彰显的背景之下，很多地区增长动力严重不足。通过大中小城市与小城镇的协调发展可以平衡地区之前的发展，各种经济资源能够向经济不发达地区流动，长久来看，可以缩小区域发展之间的差距鸿沟，给经济社会的发展注入更多的正能量。

（二）缓解大城市承载压力的选择

坚持大中小城市和小城镇的协调发展可以有效地缓解大城市目前因为人口过多所带来的一系列城市病。中国为数不多的大城市目前在承载力方

---

① 刘亚静. 基于"城镇化带动战略"的小城镇建设构想［J］. 网络导报·在线教育，2012（15）.

面已经濒于极限，北京、上海等城市常住人口数量远远超过城市所承受的最大数量，人口数量已经超过临界值，由此带来交通拥堵、资源紧张、环境污染等诸多问题。在大城市病越来越突出的现实背景下，实际上也意味着原来的城市发展模式在未来很难持续下去。通过各种资源的有效配置大力发展小城市、小城镇，可以有效地分流大城市的人口，降低大城市的承载压力，使城市发展的更加美好。

（三）破解"三农"问题的现实之路

中国是一个农业大国，却不是一个农业强国，超过70%的人口是农村户籍，所以说"三农"问题是否能够得到较好的解决事关中国稳定发展大局，这也是为何多年来，党中央的一号文件连续多年聚焦"三农"问题。农业、农村、农民问题的解决需要借助于大中小城市与小城镇协调发展的这一手段，通过大力发展小城镇，实现农业人口的就近转化，通过扩大小城镇吸纳农业人口的能力，可以在推动城镇化进程的同时，给农民带来更多的就业机会，有利于农村土地流转，通过规模化经营，走现代农业之路，壮大中国农业实力。可以说大中小城市和小城镇的协调发展对"三农"问题的解决意义重大，可以形成一个多方共赢的格局。

（四）统筹城乡区域发展的客观需要

统筹城乡区域发展是大中小城市和城镇化协调发展的主要目的之一。长期以来，在城乡二元经济体制发展模式下，中国大中城市获得了长足的发展，而小城镇却发展滞缓。这导致城乡之间、区域之间的差距越来越大，大中城市与小乡镇之间的经济发展水平完全不在一个水平线上，城乡

第九章　新型城镇化必须坚持大中小城市和小城镇协调发展

之间的巨大差距严重地阻碍了中国经济社会的持续健康发展。城乡二元经济体制下带来的城市发展繁荣更多的是建立在乡村的巨大牺牲基础之上，这与社会公平正义是相悖的。① 通过坚持大中小城市与小城镇协调发展，可以有效地减少城乡之间、区域之间的经济发展差距，小城镇能够获得更多的发展机遇，避免各类经济资源过多地集中在大中城市，实现区域之间的和谐发展，缩小城乡差距，实现社会的和谐发展。

（五）推进城镇化建设步伐的必然之举

大中小城市和小城镇的协调发展是加快中国城镇化建设步伐的必然之举。中国还处于社会主义初级阶段，综合国力有限，财政资源不足，这意味着城镇化建设不可能采取大中城市主导的发展模式。目前中国常住人口城镇化率与户籍城镇化率之间差别巨大，超过2亿多流动人口虽然在大中城市打工，却没有获得户籍，这一现实情况的产生就是因为国家财力有限，地方政府无法甚至不愿负担这部分人口转换为城镇户籍人口所带来的成本支出。② 这种情况下，必须要通过大力发展小城镇来破解国家财力不足导致的城镇化发展受阻的难题，通过大力发展小城镇缓解中央政府与地方政府之间的矛盾，发挥小城镇在城镇化方面成本更低的优势。统计数据显示，在中国一线城市单个人城市化的成本是小城镇成本的十倍不止，所以在既定财力的限制下，小城镇的发展可以助推城镇化建设步伐。

---

① 李兰昀. 重庆市主城区小城镇城乡统筹发展规划策略研究 [J]. 城市发展研究, 2012 (12).

② 周维. 新型城镇化背景下小城镇发展的机遇与挑战 [J]. 中外建筑, 2013 (6).

二、大中小城市和小城镇协调发展面临的阻力

当前虽然大中小城市和小城镇的协调发展呼声很高,但是在具体的实施中却遭遇到很大的阻力,大中小城市和小城镇的协调发展这一战略目标没有得到有效的贯彻落实,小城镇并没有得到良好的发展。总结大中小城市和小城镇协调发展面临的阻力,可以归纳为以下几个方面。

(一)行政体制存在痼疾弊端阻碍新型城镇化实现协调发展

从行政体制来看,中国采用的典型的国家—省—市—县—镇(乡)这样一个管理模式,小城镇基本上处于行政管理链条的最低端。这种行政体制的弊端主要有两点:一方面从权限来看,小城镇的自主行政权限受到上级的严重约束。一些小城镇虽然人口规模方面基本上达到了中小城市的规模,但是在用地指标、建设规划方面囿于权限,很难与城镇的发展要求相匹配。这种权限方面的限制对于小城镇的发展来说是一个不利影响。各类项目建设、行政审批需要上级审核,不仅耽误了时间,同时通过的概率也会大大降低;另外一方面从资源分配以及使用来看,小城镇的财权与事权明显不匹配,财权明显小于事权,收入中有很大的比例要上交给上级政府,而在财政转移支付方面,上级部门又是留足自己的然后再将资源分配给小城镇,这导致小城镇获得的资源支撑非常有限。具体到一些公共投资项目上,小城镇很难与上级政府争夺,行政管理体制方面的弊端成为制约小城镇发展的主要瓶颈之一,不能够实现与大中小城市的同步发展。

第九章　新型城镇化必须坚持大中小城市和小城镇协调发展

(二) 产业布局严重失衡阻碍新型城镇化协调发展

中国产业布局在大城市与小城镇之间严重失衡，尽管在中国城镇化的起步阶段，国家和地方将支柱产业都布局在大城市是为了规模效应、聚集效应以及优先发展城市的需要，但是随着经济社会的不断发展，这种做法已经明显与社会发展要求不相适应。与此同时，小城镇自身的比较优势没有得到有效的发挥，小城镇当地的产业没有得到很好的发展，大城市与小城镇在产业布局方面的差距越拉越大。产业是小城镇发展的基本力量，没有产业支撑，小城镇的发展也就成为无源之水、无本之木，很难引导人口迁入。

(三) 小城镇内生力不足导致新型城镇化均衡发展动力不足

大中小城市和小城镇协调发展面临的另外一个阻力就是小城镇的内生力不足。对于小城镇来说，内生力是指小城镇依靠自身不断发展的力量。长期以来，小城镇发展都不被重视，中国小城镇被边缘化的趋势非常明显，企业投资基本上都是选择大中城市，对于投资者来说，选择大中城市有着多重考虑，交通、政治、资源等，这些东西都是小城镇所不具备的。尤其是大企业在投资地选择的时候，选择城镇落户的更是寥寥无几，除非这些城镇有其他地区所不具有的自然资源，所以中国小城镇的发展只有极少数能够依靠自然资源获得发展机遇，大部分小城镇几乎没有像样的工业基础。内生力不足意味着的小城镇资源少、机会少，很难吸引农民工来找工作，这对于小城镇的发展来说是一个不利影响。

(四) 财政支出不均衡成为新型城镇化非均衡发展政策性张力

中国现有的财政支出模式对于大中小城市和小城镇协调发展来说是一

个负面的影响。中国既有的财政支出模式最大问题之一就是公平性欠缺，从财政支出的区域分布来看，城市获得了财政支出80%以上的份额，而广大的城镇以及乡村地区获得财政支出份额仅为20%左右，而城市人口与小城镇以及广大乡村地区的人口比例约在2∶1。当前中国城市基础设施的投资主体基本上都是政府，政府运用财政资源进行市政建设。对于小城镇，从收入方面来看，其财政收入本身有限，从获得财政转移支持来看，小城镇只能够在上级政府满足自身市政建设资金的情况下，获得非常有限的财政资源。这导致小城镇可以支配的财政资源非常有限，从而限制了小城镇的建设，很多小城镇基础设施落后，原因就是财政资源有限，政府没有财力进行基础设施建设，由此陷入一个越是财政资源有限，越是发展滞后，人口吸引力越弱这样一个恶性循环。

（五）城市城镇互补不够导致新型城镇化均衡发展联动乏力

中国城市与城镇之间发展的不平衡，原因之一在于二者之间没有一个良好的互补关系。同质竞争、定位相同、功能重叠等导致城市与城镇之间的关系更多的是竞争而不是合作，大城市凭借更多的优势占尽上风，小城镇的发展得不到重视。城市城镇互补不够折射出来的是地方政府对于大城市和小城镇之间内在密切联系的认识不足，片面地将小城镇与大城市的发展置于一个对立的位置，结果造成小城镇与城市之间功能做不到互补，影响到小城镇的发展。

第九章 新型城镇化必须坚持大中小城市和小城镇协调发展

三、大中小城市和小城镇协调发展的具体思路

在大中小城市与小城镇协调发展方面，结合国内一些地区的实践探索经验，针对目前大城市与小城镇协调发展中普遍遇到的阻力，笔者立足中国小城镇发展的实际，着眼长远，提出以下几个方面的大中小城市和小城镇协调发展思路。

（一）国家应该尽快推进政府职能部门行政体制改革

中国行政管理体制本身存在的弊端极大地阻碍了大城市与小城镇的协调发展。在中国行政管理体制改革不断深化的背景之下，需要进一步对现有的行政管理体制模式继续调整完善。从行政管理体制改革的总体方向来看，政府行政管理体制要朝着放权以及精简行政机构等几方面进行调整。中国要放宽小城镇设置县市的门槛，允许符合条件的小城镇在行政级别方面升级。同时上级行政机构要给小城镇放权，授予小城镇更多的决策权限，给其发展提供更多的政策空间。理顺小城镇的行政管理关系，确保财权与事权之间的匹配，给予小城镇更多的财权；合理设置机构和配备人员编制，实现小城镇的良性发展具有行政方面的坚实保障。

（二）发改委等有关部门要科学规划和优化调整产业布局

针对当前中国大城市与小城镇产业布局失衡的问题，未来理智之选就是优化调整产业结构的布局。产业结构布局调整涉及两个方面，一方面是大城市要将一些产业主动地分流到小城镇。目前对于北京分流人口的呼声就比较高，事实上分流人口的载体在于产业的调整。大城市要将那些对于

城市本身发展弊大于利的产业主动分流到小城镇。一般来说，区域内的大城市扮演的更多的是政治、文化、商贸、金融等中心的角色，而不是大而全的发展模式。考虑到城市本身的承载力，只需要大城市在产业布局方面要有所为有所不为，选择最适合城市发展的产业，才能持续地推动城市的进步。另外一方面，政府也要立足小城镇自身的优势，进行统一产业规划，通过给予一定的引导，实现小城镇去积极承接大城市分流出来的产业。小城镇承载力大，土地资源丰富，可以把大城市的一部分加工制造业承接过来。

（三）国家应该尽快把培育小城镇增长力作为推动新型城镇化发展的切入点

小城镇的内在增长力是推动其不断发展的核心动力，政府要积极培育小城镇的增长力，通过制定小城镇的整体发展规划，引导小城镇的正确发展。加大小城镇硬环境以及软环境方面的建设力度，尤其是要重视软件环境的建设，以服务型政府建设为契机，调整职能定位，为外来的投资企业提供完善的服务，增强小城镇对于投资者的吸引力。同时小城镇政府要加大招商引资力度，根据城镇发展规划，积极建设各类产业园区，给予入驻产业园区的投资企业一定的财税、土地优惠。在培育小城镇增长力的时候，政府要依托于小城镇农业优势，积极发展农业养殖、加工、生态工业观光等产业，这些产业市场发展空间良好，对于那些可能对环境带来巨大

第九章　新型城镇化必须坚持大中小城市和小城镇协调发展

伤害的产业要谨慎选择，处理好当前发展与长远发展之间的关系。①

（四）国家应该尽快实施新型城镇化财政配套政策，财政转移要向小城镇倾斜

中国目前的财政体制对于小城镇的发展非常不利，要想实现大中小城市和小城镇的协调发展，需要重点在财政支出方面进行结构的优化，加大对于小城镇的支持力度，建立对于小城镇发展的反哺机制。中国20世纪90年代所建立的分税制已经明显不符合时代发展的要求，需要尽快地加以调整改革，确保小城镇事权与财权的匹配。国家要加大对于小城镇教育、卫生等方面的投入，让小城镇集中有限的资源来进行城镇建设，促进小城镇的发展。国家目前正在采取限制大城市发展的措施，这种情况下，各级地方政府要将小城镇的发展置于一个更加重要的地位，制定促进小城镇的发展规划，在财政预算中设立小城镇发展基金。正确认识小城镇的发展与大中城市的发展不是此消彼长的关系，而是并行不悖的，明确这一点，在财政支出方面适度向小城镇倾斜，就可以帮助小城镇获得更好的发展。

（五）国家有关部门要从城市之间功能辅佐互补的战略高度，加强城市城镇之间联系

城市与城镇之间的发展并不矛盾，城市的蓬勃发展能够一定程度上促进城镇的发展。反过来，城镇的发展也能助推城市的发展。要协调好大中小城市和小城镇的发展，需要加强小城镇之间的联系，强化二者之间的互

---

① 林仲城. 小城镇发展中的土地利用问题与对策［J］. 城市建设理论研究，2013（12）.

补作用，从而有效地推动二者之间的发展。政府在城市与城镇的发展联系方面要统筹规划，做好职能分工以及定位。城市功能与城镇的功能尽量避免同质，这样可以减少竞争，加强二者之间的职能互补。大城市与小城镇可以说是各有优势，小城镇与大城市之间的联系就要二者充分发挥自身的比较优势。地方政府可以将旅游等功能分流给小城镇，在交通方便的小城镇大力发展观光旅游，同时配合土地制度改革，给城市人口的休闲、居住提供更好的去处，实现城市与城镇双方发展共赢。

中国政府提出要走中国特色的城镇化道路，坚持大中小城市和小城镇协调发展的战略与中国的国情是比较吻合的，但是这一战略构想能否顺利实施，关键在于如何采取切实可行的措施将大中小城市和小城镇协调发展面临的阻力加以破除。应该看到大中小城市和小城镇协调发展是一项长期的复杂工作，加上这一工作的开展并没有现成的模式可供借鉴，这客观上要求各级地方政府要在此战略发展要求下，做好长期奋斗的观念准备，立足于本地的实际情况，针对协调发展中存在的现实阻力，不断解放思想，大胆创新，探索破除阻力策略，为大中小城市和小城镇协调发展创造良好条件，夯实发展基础，为城镇化的健康持续发展增添更多动力。

第十章　建设具有国际竞争力的先进装备制造业基地

"十二五"时期，也是辽宁装备制造业发展的一个极为关键的历史时期，战略性的机遇与艰巨的挑战并存。在"辽宁制造"向"辽宁创造"转型中，装备制造业也必须转变发展方式，指导思想由追求速度、规模扩张向更为关注水平、质量的提高，发展动力由投资驱动向创新驱动转变，产业结构由过度偏重有形产品加工制造的传统形态向现代制造服务业转变，要素投入由数量规模向质量效益转变，技术结构由中低端向高中端转变，发展支撑由靠引进向产学研结合自主创新转变，企业质态由"小而弱"向"大而强"转变。

一、实施国际化、高端化发展战略，打造装备制造业跨国公司，提高辽宁装备制造业国际竞争力

加快建设具有国际竞争力的先进装备制造业基地要重点采取五项措施，即实施国际化、高端化发展战略，重点建设沈大两个核心聚集区，加快培育汽车产业、船舶产业和基础装备产业三大集群，提高装备制造业产业技术创新能力，积极培育大型企业的国际竞争力，完善制度环境支撑体系。

辽宁作为中国装备制造业基地，工业体系健全，技术结构完整均衡，一些企业在国内处于排头兵地位，在推进中国工业化进程中具有义不容辞的责任。自实施东北振兴以来，辽宁省作出了加快振兴装备制造业的重要战略决策，把发展先进装备制造业放在九大战略性新兴产业之首，形成沈阳、大连两大装备制造业聚集区。目前，辽宁装备制造业面临的主要问题是加快提升市场竞争力，提高参与国际分工的程度，拓展国际国内市场空间，努力建设世界级装备制造业基地。

（一）国际化战略

面对国际产业转移的趋势，为肩负起用"中国装备"支撑"中国制造"的历史责任，辽宁省装备制造业必须站在国际竞争的层面上，跳出辽宁、放眼全国、走向世界，实施国际化发展战略。对于具有明显优势和竞争实力的装备制造业，要积极实施"走出去"发展战略，主动融入国际产业分工体系，通过并购和控股境外以科技型为主的企业，直接掌握国外先

第十章 建设具有国际竞争力的先进装备制造业基地

进技术；充分利用自身优势开展对外投资合作，扩大境外资源合作开发和跨国经营，提高对外投资效益，扩大国际竞争优势。

当前，在技术革命和经济全球化发展推动下，国际装备制造业正在发生重大变化，呈现出分工全球化、产业集群化、制造信息化、服务网络化等新特征、新趋势，发达国家向发展中国家大规模转移装备制造业的进程大大加快。装备制造业具有产业关联度高、需求弹性大、对经济增长带动促进作用强、对国家积累和社会就业贡献大等特点。各工业化国家经济发展的历程表明，没有强大的装备制造业，就不可能实现国民经济的工业化、现代化和信息化。目前，装备制造业发展滞后是制约中国经济发展和产业升级的重要因素，加大结构调整力度，推进装备制造业持续、健康、稳定发展，对于转变经济增长方式、提高国民经济整体素质、增强中国经济的国际竞争力，保障国防安全等都具有重要而深远的意义。

对于具有巨大国内市场和竞争优势的装备制造业，要实施"以我为主"战略，积极借鉴国外先进技术成果，通过产业配套、研发配套等方式进行消化吸收再创新，在满足国内市场需求的同时提高国际市场占有份额。对于具有成长性和较大市场空间的装备制造业，要大胆实施"引进来"发展战略，通过引进国外技术、装备、资金和管理，有步骤地承接发达国家产业转移，逐步实现技术和产业升级。同时要坚持引进和自主发展相结合，维护产业安全，提高民族装备制造业在国内市场上与外国装备企业竞争的能力。

(二) 高端化战略

大力发展高端装备制造业，加快促进辽宁制造向辽宁创造转变。全球经济结构调整和增长方式所发生的深化变化，迫切要求辽宁加快装备制造业内部结构调整，发展高端制造以提升辽宁装备制造业的国际竞争力。高端制造产业一般是处于产业价值链的高端环节，具有技术、知识密集，附加值高、成长性好，关键性强，带动性大的特点。高端装备制造业是装备制造产业中技术密集度较高的产业，是高端制造的核心和关键，具有产业的关联度高、吸纳就业能力强、技术资金都很密集的特点。积极抢占高端的装备制造领域是发达国家谋求工业强国地位的战略重点。2009年，数控金属加工机床平均进口单价同比提升40%，这表明进口产品在高端市场具备强大的竞争力。特别是在国际金融危机的大环境中，更要把握住机遇，走高端化战略。

发展高端产业一方面要瞄准全球生产体系的高端，大力发展具有较高附加值和技术含量高的装备制造产业和战略性新兴产业；另一方面，要立足我国经济社会发展需求，依托重点工程，优先发展核心关键部件和基础制造业，加快推进新能源、高档数控机床、现代轨道交通设备、智能化仪器仪表、精准农业机械、航空航天设备、电子专业设备以及重大的节能环保设备等重大技术装备的自主化和本土化。重点支持大型成套装备制造业企业发展工程总承包、系统集成，促进装备制造业服务化发展。

积极探索发展高端装备制造业的有效途径：一是着力增强装备制造业产业自主创新能力；二是加快培育具有国际竞争力的装备制造业大企业、

第十章 建设具有国际竞争力的先进装备制造业基地

大集团;三是积极建设国际领先的装备制造业产业基地和装备制造业产业集群;四是着力发展装备制造业战略新兴产业。

二、促进产业集群向国际化产业基地发展,加快建设两大核心聚集区,做强做大辽宁装备制造业

产业集聚是指在特定领域里相互联系的产业生产单位和服务单元在特定区域的集中,是实现规模经济和集群发展的重要基础。充分利用沈阳、大连产业集中的优势,加快装备制造业核心聚集区建设,不仅有利于聚集装备制造业产业资本和生产要素,推动装备制造业技术创新和规模扩张,而且有利于在更高层次上提升装备制造业产业核心竞争力。

具有国际竞争力的产业基地的主要标志:其一,有较大的产业规模、较高的市场集中度和相当高的占有率;其二,有一批在行业内具有世界性影响和核心竞争力的国际化大企业集团;其三,具有众多拥有自主知识产权和较高知名度的国际品牌和区域品牌产品;其四,具有较高的产业聚集度、空间分布密度,以及明显的区域主导产业优势;其五,具有与国际接轨的完善的产业支撑体系、市场支撑体系和政策支撑体系,以及良好的法治环境和服务环境。

沈阳是全国唯一的"老工业基地调整改造暨装备制造业发展示范区",是建设辽宁装备制造业基地的重中之重。要以争取国家综合配套改革试验区为动力,提高区域创新能力,充分发挥铁西装备制造业示范区享有国家级开发区、国家级出口加工区以及沿海经济带政策区等优势,重点发展数

控机床、通用石化装备、重矿机械、输变电装备、工程机械、汽车及零部件等主导产业，大力推动重点行业领军企业的联合重组。把沈阳东部汽车产业区、民航国家高技术产业区和IC装备产业区也纳入装备制造业核心聚集区的组成部分，倾力打造沈阳装备制造业核心聚集区。

加快推进与庞巴迪、GE等国外企业合作，打造东北亚航空产业区，建设沈阳科学城、航空城和国际城，建设国家重要的支线飞机总装基地、大部件转包基地、维修基地、培训基地、航运基地和物流基地，使之成为辽宁装备制造业基地的重要增长点。IC装备即电子信息装备产业，要加快发展集成电路设计、专用电路芯片制造及封装、测试，应用微电子技术生产电力半导体器件及传感器、微机电系统等，重点在汽车电子、医疗电子、通信与网络、基础电子、软件开发上形成具有核心竞争力的产业体系。

加快建设大连"两区一带"装备制造业核心聚集区。大连要充分利用沿海临港优势和物流条件，进一步调整产业布局，围绕大型重型装备制造、船舶工业和海洋工程等，加快"两区一带"临港临海装备制造业聚集区建设步伐。依托大窑湾港和保税港区，重点发展以数控机床、汽车零部件和整车总装为重点的装备制造产业；依托大连湾深水岸线，重点发展海洋工程制造、清洁发电设备、大型起重和冶金设备等下海大件的研发制造；重点发展大型船舶总装、修造和配套等产业，形成船舶和海洋工程及配套的装备制造业产业带，成为独具特色的临港临海装备制造业核心聚集区。

省内其他各市应围绕本地装备制造主导产业，如铁岭的专用车生产基

第十章 建设具有国际竞争力的先进装备制造业基地

地、锦州的光伏产业基地等,加快各类产业园区建设,提高产业聚集度,形成各具特色的装备制造业发展格局。

三、重点培育三大产业集群,构建配套能力强、价值链完善、附加值较高的产业链

现代产业的竞争核心是产业链及产业集群的竞争。产业集群作为一种区域产业组织形式,已成为世界装备制造业发展的主流。从目前全省装备制造业初具集群特征和亟待集群配套的产业来看,应重点加快三大装备制造业产业集群建设。

(一)汽车及零部件产业集群

辽宁省汽车产业主营业务收入占全省装备制造业的14.5%,对全省经济牵动作用巨大。要以沈阳华晨、丹东曙光、上海通用沈阳北盛、沈阳中顺等整车企业为龙头,以一汽大众(大连)、一汽大柴、东风朝柴、航天三菱、航天新光、本溪曲轴、丹东五一八、锦州万得等一批零部件企业为骨干,以宝马和中华轿车、通用商务车、金杯轻客、黄海大客以及发动机等汽车零部件为重点品牌产品,建设辽宁省汽车及零部件产业集群。同时,省内各市要发展各具特色的专用车、改装车和汽车零部件产业,推动全省汽车产业集群发展。要继续推进与国际汽车工业的融合,积极引入战略合作伙伴,将国外汽车配套体系纳入辽宁省汽车产业,做大规模、做强品牌、做精产品、抢占市场,实现整体水平的提升,产品性能、质量达到或接近国外同类产品水平。

(二) 船舶制造产业集群

辽宁省岸线资源丰富,具有发展船舶修造业的市场空间和优势。要以大连船舶重工、渤海船舶重工和中远船务等造修船企业为龙头,以大连船用柴油机、大连重工·起重、大连推进器、大连阀门、辽海机械、锦州航星、沈阳鼓风机等船舶配套企业为骨干,建设辽宁省沿海城市船舶制造产业集群。要发挥辽宁省造船业基础优势,重点生产超大型油轮、浮式生产储油轮、大型多功能化学品船、超大型集装箱船、大型滚装船、海上作业平台等高端产品,提高在世界造船领域的竞争力。同时尽快启动大连船舶重工长兴岛修船等项目,进一步提高造船和修船配套发展能力,推进船舶制造业集群化发展。要发挥大连、营口、葫芦岛、盘锦等船舶配套加工园区作用,发展大马力船用柴油机、船用推进器等主要配套产品,实现专业化、规模化生产,打造具有国际先进水平的船舶生产基地。

(三) 基础装备和基础配套产业集群

要以沈阳机床、大连机床、瓦轴集团等基础装备企业为龙头,以遍布全省各地的基础机械和零部件重点企业为骨干,以做强做大机床产业和提高装备基础产业配套水平为重点,建设辽宁省装备制造业基础装备和装备制造业基础配套产业集群。要充分发挥辽宁省数控机床产业的领先优势,不断推动重大型数控机床向精密、高速、复合、多轴、智能、环保方向发展,进一步提高数控机床、精密机床和工业机器人的国际竞争力和国际市场占有率。基础机械及零部件是发展装备制造业的重要基础,涉及门类多、关联产业多、产业链条长,有些功能部件关系到产品的核心竞争力。

第十章 建设具有国际竞争力的先进装备制造业基地

要围绕辽宁省装备制造业主机产品，重点发展模具及压铸件、仪器仪表、机泵阀、铸锻件、轴承、输变电配套件、传动件、液压气动密封件、电动机、互感器、电瓷等基础产业，努力实现基础零部件的高性能、高质量、高可靠性和耐久性，提高配套水平。铁西装备制造业示范区要率先发展20个基础配套产业集群，力争企业超千户、产值达千亿元。

四、提高产业技术创新能力，加强自主品牌建设，以体制机制创新促进产业升级，以高新技术支撑先进装备制造业产业基地的建设

提高装备制造业产业技术创新能力。一方面，鼓励有条件的装备制造业企业建立和完善技术研发中心，加大研发投入；另一方面，要积极推进装备制造业产学研相结合、跨地区的技术研发战略联盟。辽宁作为国家技术创新工程的试点省份，应积极进行多种技术创新战略、技术创新与金融、资本运作相结合的探索。与跨国公司或国际高端技术源企业建立技术研发合作网络，进行研发外包等多种国际技术合作。

辽宁省装备制造业产业出口以低附加值和低技术含量产品为主，自主品牌产品出口占比重很小，具有国际影响力的著名品牌十分缺乏。应积极引导企业树立品牌意识，重视区域性品牌对产业集群发展的带动作用。辽宁装备制造业知名度和美誉度，既是辽宁装备制造业产业集群发展的必要结果，也是促进辽宁装备制造业产业集群发展的重要手段。二者之间，具有密不可分的互动关系。政府和企业应该充分重视这种互动关系，利用各种机会和渠道，积极宣传和打造辽宁产品的知名度和美誉度，优化和提升装备制造业产业集群整体形象。

加强人力资源开发，建立健全吸引人才的机制。首先，要培育尊重人才的企业文化，要充分发挥其才能，并根据贡献给予优厚待遇。其次，在完善约束机制的同时，建立有效的激励机制。对高级管理人才、高级科研人才、高级技能人才，实行持股、期权、技术入股、提高薪酬等灵活政策，使"三高"人才的收入逐步缩小与沿海发达省市的差距，遏止人才外流趋势。强化有突出贡献人才的奖励政策和优秀年轻人才的提拔任用政策，为实现人才价值创造条件。建立健全人才市场，彻底打破人才部门所有、单位所有的传统观念的制约，鼓励人才流动，充分发挥市场配置资源的基础性作用，促进人才从低效部门向高效部门的集聚。同时要采取措施大力发展中专、中技、职高等技术职业教育，提高技术工人的待遇，为装备制造业的发展培养强有力的人才后备军。

五、加快提高一批大企业的国际竞争力，为国际化产业基地奠基

企业和产品是产业竞争的载体，技术和人才是竞争力的核心。建设具有国际竞争力的先进装备制造业基地，必须有一批世界级企业、世界级产品、国际领先技术和高素质人才的强力支撑。

（一）打造一批世界级装备制造业企业

世界级装备制造业企业是指以国际市场为主要目标、具有先进管理模

第十章 建设具有国际竞争力的先进装备制造业基地

式、掌握世界领先技术、拥有全球著名品牌、销售收入在世界同行业前10名的国际化装备制造业企业。

培育装备制造业世界级企业,要大力推进国有企业体制机制创新,支持跨区域、跨所有制特别是中央企业与地方企业、军工企业与民用企业之间的并购重组,有计划地吸收国内外跨国公司进入装备制造领域,打造一批能够引领主导产业发展的"旗舰"型企业。

以具备核心设备成套能力的大型企业为依托,培养能够提供重大技术总承包服务的工程公司,使其成为集总体设计、系统集成、成套生产、配套服务等功能为一体的"航母"型装备制造企业集团。

在推进装备制造业大企业向设备集成供应商发展的同时,还要推进中小装备制造业企业向专、精、特、优发展,努力成为主设备供应商和零部件供应商。当前,要重点扶植沈阳机床、北方重工、沈鼓集团、远大集团、沈变集团、三一重装、大连机床、重工·起重集团、大连船舶重工等企业,加快进入世界级装备制造业企业行列。

(二)塑造一批世界级产品

一个国家或地区的装备制造业是否强大,常常表现为拥有多少世界知名品牌。提升辽宁省装备制造业国际竞争力,必须塑造一批科技含量高、市场份额大、经济效益好的装备制造业国际知名品牌产品。

围绕国家确定的16项重大技术装备和产品,特别是输变电装备、重型装备、机床和工程机械,重点发展大型、精密、高速数控机床及数控系统,大型清洁高效发电及特高压输变电设备,大型船舶和海洋石油工程装备，大型化工成套、冶金成套、矿山成套和煤炭综采设备，大型施工机械，自动控制系统和精密测试仪器，环保设备，IC装备，轨道交通设备，以及汽车、飞机等。

结合推进重大技术装备国产化，以高、重、大、精、优为特色，着力突破制约产业转型升级的重大关键技术，提高重大技术装备成套能力和水平，尽快形成一批具有国际领先水平的高端产品和专利产品，获得更多的自主知识产权，不断开发代表辽宁形象、体现国家水平、替代进口和扩大出口的产品。

进一步增强品牌意识，实施名牌战略，加强对品牌的培育、宣传、保护和使用，重视名牌价值，打造像西门子、三菱重工那样著名的装备制造业民族品牌。

(三) 形成一批高端技术成果

提高装备制造业竞争力，必须不断跟踪国际先进技术发展趋势，加快推动原始创新、集成创新和引进吸收消化再创新。把技术创新作为调整产业结构、提高核心竞争力的中心环节，着力突破制约产业转型升级的重要关键技术，加大科技投入，搭建公共平台，落实支持企业创新的财税、金融、消费、政府采购政策，加快以企业为主体的技术创新体系建设，努力把辽宁建成国家装备制造技术研发和创新基地。

以装备制造系统设计技术、控制技术和关键总成技术为重点，加快提高自主创新能力，激发原始创新活力。要加强企业技术研发中心建设，不断开发有市场前景、有竞争力的新产品、新工艺、新技术。

第十章 建设具有国际竞争力的先进装备制造业基地

利用世界先进技术成果进行应用开发,在引进消化吸收过程中更加注重再创新,形成具有自主知识产权的核心技术。装备制造业是技术密集型产业,要瞄准装备制造业产品高新技术化趋势,加快以信息技术对传统装备制造业进行改造和集成创新,通过发展集成电路和嵌入式软件等,推进装备制造业产品的数字化、智能化、信息化。要重视对标准化的研究和利用,主动参与标准制定,积极采用国际标准,为参与国际竞争创造条件。

(四)造就一批高素质技术人才

优秀的科技人才是企业核心竞争力的第一要素,装备制造业的高技术特征更决定了技术人才的重要性。面对世界金融危机带来的人才需求结构的变化,大力实施人才集聚战略,以引进境外100个研发团队为载体,面向海内外引进装备制造业高端人才和成熟人才,以引智创新推动技术创新、管理创新。要加强科技人力资源能力建设,强化对高层次科技人才的培养,依托国家重点实验室、博士后工作站和企业技术中心,培养科技领军人才和创新骨干,造就一批具有世界前沿水平的装备制造业高级技术专家、首席工程师和优秀技师。要强化岗位培训,培养一支数以百万计的具有熟练操作水平的装备制造业技术工人队伍。为激励科技创新活动,可采取持股、技术入股、专家年薪制等措施,对在重大技术装备研制中做出贡献人员给予表彰奖励。

六、以体制机制创新、政府职能创新,加大政策支持力度,完善支撑保障体系,为产业发展提供经济社会环境

(一)加快企业改革,增强企业活力

大中型国有企业是辽宁省装备制造业的主体,装备制造业改革的重点和难点就在于大中型国有企业。装备制造业大中型企业产权多元化,装备制造业中小型企业民营化是必然的趋势。建立符合市场经济要求的企业制度,是解决绝大多数大中型国有装备制造业企业缺乏活力的前提。这就要在政策的指导下,加快推进国有企业改制,推进体制和制度创新,消除装备制造业发展的体制障碍,进行股份制改革,优化所有制结构,建立现代企业制度。继续推进政企分开,确保出资人到位,加快投资主体多元化的改革。通过市场机制进行资源的重新配置,促使资源向装备制造业优势企业集中,鼓励国内各种所有制资本特别是大型国有和国有控股企业以并购、参股等多种方式参与辽宁省国有装备制造企业的改革和不良资产的处置;鼓励国外资本以并购、参股等多种方式参与辽宁省装备制造业竞争性领域一般国有企业的改革和不良资产的处置。

(二)完善法律法规体系

尽快颁布《辽宁省促进装备制造业发展规定》,在法律层面为装备制造业发展提供更加可靠的保障。同时,要依法编制装备制造业中长期发展规划以及各类专项规划,并确保规划贯彻实施。

第十章 建设具有国际竞争力的先进装备制造业基地

进一步强化政府加强专利保护和专利技术转化的职能,继续发挥省政府知识产权办公会议制度的作用,加强对知识产权工作的统筹协调,促进地区和行业的知识产权工作均衡发展。建立知识产权预警机制,研究提出防范、应对国际技术壁垒的战略措施。支持具有自主知识产权重要技术标准的研究制定,加强对行业协会等制定重要技术标准的指导协调。建立政府投资或重大引进项目的知识产权审查机制。组织建立审查协调机构,对涉及政府投资或重大引进项目进行检索或调查,提出审查评估报告。加强专利工作体系与队伍建设。政府应积极推进行业协会和企业联盟的技术标准化工作,促进技术专利化、专利标准化。

完善政府服务体系。建议各级政府都要建立促进装备制造业发展的工作机制,研究重大产业政策,制定产业发展指导目录,协调产业对接,发展产业集群。继续深化国企改革,鼓励优势企业强强联合和兼并重组,形成一批实力雄厚、竞争力强的装备制造企业集团。要搭建公共研发平台,强化产业共性技术、关键技术和前瞻性技术的研发,促进科技成果转化。要充分发挥行业协会在政府与企业之间的桥梁作用,及时为企业提供国内外产业动态等信息服务。

(三) 完善基础设施服务体系

建议重点支持装备制造业聚集区和产业园区基础设施建设,抓紧建设"沈西工业走廊"至营口大通道,为沈阳等中部城市重型装备出海创造条件。要优化装备制造业聚集区发展空间,统筹规划用地,对新增装备制造业项目用地给予特殊支持；积极支持工业地产项目，吸引南方资本和国外资本来辽宁投资。适应装备制造产品运输仓储需要，大力推动建设立足辽宁、辐射东北、面向全国的现代物流基地。

（四）完善金融服务体系

装备制造业作为资金高度密集型产业，必须有强大资金链的支撑。鉴于目前企业资本金普遍不足，建议根据国家产业投资基金试点政策，争取国家和省相关部门及金融机构的支持，抓紧设立规模百亿元的"辽宁省装备制造业产业投资基金"，重点支持装备制造业重大项目建设、产业结构升级以及企业技术创新。鼓励辽宁省装备制造业骨干企业上市，进入资本市场直接融资。积极组织银企对接，搭建金融平台，帮助企业解决融资难题。进一步发挥沈阳产权交易中心作用，推动建立东北产权交易市场，促进装备制造业企业产权融资。

（五）完善政策扶持体系

在财政资金支持上，全省用于工业的各项资金都要向重点装备制造业倾斜，继续加大省7亿元技改贴息资金对装备制造业的支持力度，重点支持聚集区和产业集群建设；建议国家对落户铁西装备制造业示范区内项目加大国债专项资金支持力度；对填补国内空白的重大项目，将国债专项补助资金比例进一步提高。省、市财政要安排专项补助资金，支持装备制造业聚集区基础设施建设。原定铁西装备制造业示范区享受省"五点一线"贴息政策可延伸到装备制造业聚集区，各市按贴息资金同比例进行配套。

第十章 建设具有国际竞争力的先进装备制造业基地

在税收减免支持上,对聚集区内新成立的内资高新技术企业,实行免二减三。参照外资企业税收政策,对聚集区内企业未分配利润转为投资或用于研发的部分,抵免企业所得税。鼓励订购使用首台(套)辽宁省生产的重大技术装备,并落实有关补贴和加速折旧等政策,同时探索建立重大技术装备保险担保机制,支持重大装备国产化。

第十一章　资源型城市经济转型的科学思路

资源型城市是指因自然资源的开发而兴起，又以资源开发、加工为主导产业的城市，绝大多数国家都有这类城市，在国家经济发展中具有重要的战略地位。我国有 426 座资源型城镇，其中城市 179 座。经过多年的开发，一部分城镇资源已枯竭。2005 年以来，先后有 44 座资源枯竭型城市被国家列为经济转型试点市。从全局看、长远看，这类城市无论是资源丰富还是资源枯竭，都应推进经济转型、体制创新，可以说，转型创新是资源型城市的共同使命，每座资源型城市都必须确立转型创新的科学思路。当然，每座资源型城市的情况不同，转型创新的内容各异，但也有共同的规律，转型创新的科学思路也会有共同的特征。

第十一章 资源型城市经济转型的科学思路

一、推进资源产品向产业链的转型延伸

产业的转型是资源型城市转型创新的基本面,中外经验都表明,资源型城市的成功转型,都是重点实现了产业结构的成功转型。由于资源型产业是资源型城市的主导产业,那么,从产业经济学意义上讲,资源型城市产业结构的转型创新,必须推进资源产品向产业链的转型延伸。

任何一个产业,都是基于资源与需求两个因素发展起来的。根据产业发生学原理,可以把全部产业分为两大类型。一是存量产业,即历史形成的既有产业,或称现有产业;二是增量产业,即有了新的需求而吸引投资者兴办的产业,或称新兴产业。[①] 我国的资源型城市大多也有这两类产业,但以存量产业为主,而存量产业又是以资源型产业为主体,生产的是资源产品。基于这种情况,资源型城市应以产业链为中心调整产业结构,无论是存量产业还是增量产业,都应推进产品向产业链的转型延伸,尤其是资源产品向产业链的转型延伸。

产业链是在社会再生产体系中形成的以产品或服务为载体的产业关联。在一般经济活动中,每一个产业都需要其他产业提供相关产出,也把自己的产出以市场需求提供给其他产业,通过产业之间的前向的或后向的、单向的或多向的复杂关联,形成产业链。资源型城市的存量产业主要是为其他产业提供资源产品,处于产业链的低端,产业链条很短,而不可

---

① 程必定.产业转移"粘性"及安徽的对策[J].江淮论坛,2009(5).

再生的资源总是要趋向枯竭，产业发展必然会面临危机。因此，推进资源产品向产业链的延伸，拉长产业链条，应该是提升资源型产业存量产业的必然选择。

资源产品向产业链的延伸，主要是开发关联产品，培育关联企业，以产业链为中心形成产业共生圈，以产业共生圈为依托拉长产业共生链，资源型城市的产业发展就会开拓新空间。在产业链上，产品可以不断创新品种，产业就可得到不断发展。所以，从这个意义上完全可以说，"只有夕阳产品，没有夕阳产业"，资源型产业更不是"夕阳产业"，而是人类生活和社会再生产不可或缺的产业。如果产业链走到成熟的程度，那么，即使资源枯竭了，也因为在产业链的形成过程中已培育出接续产业，城市仍会保持产业生命力、发展力和竞争力。何况，资源枯竭了，还可以通过其他渠道获取资源，足以维持产业链的存在和发展。这样的情况，在国外和国内的许多资源型城市都有出现，而且发展良好。

还有一个不可忽视的因素是，资源型城市在依靠资源开发过程所积累的产业队伍、科技力量、管理经验，特别是培育和发展了所在地的城市，更是非常重要的资源。这些资源不仅是城市存量产业发展的促进因素，也为资源型城市增量产业的发展提供了必要与充分条件。

随着科学技术的进步和经济社会的发展，人们的需求层次逐步提高，产业边界也日益模糊，产业发展处于革命性变化之中，具有新需求的新兴产业或增量产业不断出现，而且有着广泛的市场空间。处于重大转型时期的中国经济，不仅要确保存量产业的发展，还要引导社会资本和境外资本

第十一章　资源型城市经济转型的科学思路

面向新需求投资新兴产业或增量产业。在我国，具有市场前景的增量产业或新兴产业很多，主要有电子信息产业、节能环保产业、新材料产业、新能源汽车产业、节能环保产业、高端装备制造业，以及旅游业、新能源、文化产业、创意产业、公共安全产业、生物农业、中医中药业、康体保健业、民间手工艺业和职业培训业等。这些产业适应我国生产方式和消费方式的历史性转变，既有旺盛的市场需求，又有巨大的就业容量，将会陆续成为拉动中国经济发展的新型支柱产业。据统计，从我国近几年的情况看，上述新兴产业的增长率都高于 GDP 增长率 5—8 个百分点，[①] 表现出比存量产业有更好的成长性。资源型城市由于在依靠资源开发过程中长期形成的产业积累、人才积累、技术积累、管理经营积累，更具备发展这些新兴产业或增量产业的优势，各资源型城市应该从自身的优势出发，选择若干适宜发展的上述产业，作为经济结构调整的接续产业，并且以产业链为中心，不断扩大这类产业的规模，提升这类产业的水平。这样的情况在国内外资源型城市的转型中也很常见，而且势头很好，可以在我国资源型城市广泛发展。

二、推进城市由高碳发展模式向低碳发展模式转型

大气中二氧化碳浓度不断升高和温室气体大量排放而带来的全球气候变化，使人们深刻认识到，要摈弃 20 世纪的传统增长方式，通过低碳发展

---

① 张孝德. 应对危机需要双驱动产业发展战略 [N]. 中国经济时报，2009-05-06.

模式和低碳生活方式，实现人类的可持续发展。二氧化碳温室气体的排放主要集中在城市，而资源型城市又是高碳发生的城市。因此，从生态学的意义上讲，资源型城市的经济转型，必须推进由高碳发展模式向低碳发展模式的转型提升。

推进资源型城市由高碳发展模式向低碳发展模式的转型提升，重点是推进低碳生产方式，努力实现高碳产业低碳化。因为资源型城市的产业大多是高碳产业，在我国现阶段的经济技术状况下，高碳产业仍然是不可缺少的，但高碳产业的生产必须向低碳方向发展，使资源型城市的高碳产业逐步实现低碳化。最基本的途径是发展循环经济，坚持资源开发和集约利用相结合，按照减量化、再利用、资源化的原则，在资源开采、废物产生、生产消耗、产品储存与运输等环节，建立起资源型城市的资源循环利用体系，最大限度地节约能源，减少污水、污气、固体废弃物的排放。尤为重要的是，各类资源型城市要加强对资源的综合利用，在煤炭、化工、黑色和有色金属冶炼的资源型城市，尤要加强对粉煤灰、煤矸石、尾矿、冶金和化工废渣等工业废物以及废水、废气的综合利用，即使需要排放的，也应该达到国家规定的环境质量标准，做到达标排放。为此，资源型城市的行业和企业都要淘汰落后设备，参与城市大气和水资源的污染防治体系，注重修复城市的生态环境，充分发挥企业在推进低碳生产模式中的骨干作用。

资源型城市推进高碳产业低碳化，关键是研究、开发和运用低碳技术。在未来，低碳技术将成为国家核心竞争力的基本体现，更是资源型城

第十一章 资源型城市经济转型的科学思路

市彻底转型的基本标志,但低碳技术的研究、开发是一个长期的过程,目前虽然已开发出一些低碳技术,如节能技术、无碳和低碳能源技术、二氧化碳捕捉与埋存技术等,但这些低碳技术在我国资源型城市的运用还很少。因此,积极运用已成熟的低碳技术,努力研究和开发先进适用低碳技术,应成为我国资源型城市的共同使命。

低碳消费方式也是低碳发展模式不可分割的重要组成部分,我国资源型城市也应该积极提倡和推行低碳消费方式。低碳消费方式又称绿色消费,内容十分广泛,有人概括为五个层次的消费。一是"恒温消费",即消费过程中温室气体排放量最低;二是"经济消费",即人们生活对资源和能源的消费量最小;三是"安全消费",即消费结果对消费主体和人类生存环境的健康危害最小;四是"可持续消费",即消费对人类可持续发展的危害最小;五是"新领域消费",即消费向低碳领域转变,包括使用新能源、低碳产品、再生资源制品等。[①] 可见,低碳消费不仅是节能、节水、节地、节材、节时,还有更多的内容,体现了人们的一种价值观和生存心境。资源型城市由于处于高碳环境之中,在广大民众中提倡和推行低碳消费就更为重要了。

需要指出的是,伦敦未来森林公司于 1997 年提出的"碳中和"(Carbon-neutral)技术,对我国资源型城市向低碳模式的转型具有积极的意义。碳中和技术是指通过植树造林增加碳汇,可以将二氧化碳排放量吸

---

① 陈晓春,谭娟,陈文婕. 论低碳消费方式 [N]. 光明日报,2009-04-21.

收而捕捉或埋存，在一个局域范围内能实现碳的中和归零。这就表明，资源型城市大力推进植树造林，建设"园林城市""森林城市"或"生态城市"，从而改善城市的自然生态环境，是非常重要的，也是普遍可行的。

三、推进城市由资源型向价值型的转型拓展

经济学是研究社会资源的优化配置，使之最具有价值性；城市经济则是研究城市资源的优化配置，使城市更具有价值性。从这个意义上讲，资源型城市的转型创新，不仅要突出使资源得以优化配置的产业链，更要突出使资源更具有价值性的价值链。这样，对资源型城市而言，在推进资源产品向产业链转型延伸的基础上，更要推进城市由资源型向价值型的转型拓展，不仅是题中应有之意，而且更具有重要性。

对资源型城市而言，推进城市由资源型向价值型的转型拓展有狭义和广义两层含义。从狭义上讲是对产业而言的，这种转型拓展使各类产品更具有价值性；从广义上讲是对城市而言的，这种转型拓展使资源型城市更具有价值性。

从狭义上讲，通过使产品更具有价值而推进城市由资源型向价值型的转型拓展，就要从价值链的角度审视产业链，对那些可以被拉长的产业链，还应从价值链的角度，对如何拉长产业链作出科学选择。很显然，这就需要在价值链曲线的左、右两端选择突破口，或是推出新设计、新技术，或是培育品牌、优化服务、着手资本营运，都能提升产业的价值性。这就需要加入创新因素，以创新驱动产业价值的提升。但是，对不同的资

第十一章 资源型城市经济转型的科学思路

源型城市来说，创新资源是不同的，既要充分利用既有的创新资源，积极推进自主创新，又要培育乃至引进创新资源，积极推进联合创新，特别是要推进企业、高校、科研机构的"产学研"结合，努力将资源型城市建设成创新型城市。在创新点的选择上，应先从那些具备条件的方面入手，形成先发优势，然后向相关领域拓展，培育产业优势，逐步推进城市产业由资源型向价值型的转型，实现传统产业新型化，新兴产业规模化。我国的资源型城市大多是国家和地区的老工业基地，都具有一定的人才优势、技术积累，具有产品开发与技术创新的能力，已有许多资源型城市在向价值型的转型创新中取得很多新进展。所以，通过使产品更具有价值而推进城市由资源型向价值型的转型创新，在我国具有广阔的前景。

从广义上讲，通过使城市更具有价值而推进城市由资源型向价值型的转型拓展，对我国的资源型城市来说还是一个新的课题。使城市更具有价值，首先应明确什么是城市的价值。

城市是人类经济社会活动的空间载体，是区域经济社会发展的高地，城市应该具有使人们生存和发展最适宜的条件。从这个意义上讲，城市的价值就是城市的质量，使城市更具有价值，就要使城市更具有质量。而恰恰在这方面，资源型城市与其他城市相比有很大的差距。由于资源开发是城市的主导产业，这种产业格局使人们对资源型城市的印象是：环境脏、乱、差，布局散、碎、乱，人们也不愿意到资源型城市生活和发展。因此，通过使城市更具有价值而推进城市由资源型向价值型的转型创新，就是要提高资源型城市的发展质量。为此，应更新资源型城市的发展模式，推进资源型城市建设的三个转变。

一是城市布局应从区位扩散向人口聚集转变,通过"紧凑型"布局提高资源型城市的发展质量。我国的资源型城市大多是随矿建城,资源开发到哪里,城区建设就蔓延到哪里,形成区位扩散的城市布局,这是一种最不经济的城市布局。城区面积的蔓延还给基础设施建设造成压力,城市质量就很难提高。而且,由于布局散,市区人口形不成规模,又导致人气、商气不足,人们生活很不方便,城市发展缺乏生机。因此,资源型城市布局应纠正随矿建城的传统模式,通过"紧凑型"布局提高市区的人口聚集能力,精心建设城市集中区,矿区只作为生产中心,将生活中心集中于市区,用通勤的办法解决生产中心与生活中心的分离,在资源型城市的范围内,真正实现"同城化"。资源型城市布局从"区位扩散"向人口聚集的转变,形成人口集中区,又会引发商业、服务业等第三产业乃至加工制造业的发展,从而会培育城市的生气和新的增长点。这样,即使是资源被开发枯竭,城市仍有生存和发展的深厚基础。

二是城市建设应从重视基础设施建设向功能建设转变。基础设施是城市存在的物质支撑,在资源型城市受到普遍重视,但是,城市生存和发展的基础性支撑并不是基础设施,而是城市的功能,这个问题在资源型城市并没有受到普遍重视。长期以来,我国资源型城市普遍存在重视基础设施建设、轻视城市功能建设的倾向,许多城市基础设施齐备,建设水平也很好,但城市功能不明晰,在资源枯竭的情况下,城市发展就失去了方向。城市功能是对区域而言的,是城市在区域中的作用,或是区域的经济中心，或是区域的交通枢纽，或是区域的文化中心，每个资源型城市都应从自己的特色出发，确立在区域中的功能定位，并且围绕发挥这种作用而培育城市功能，资源型城市才会把握转型创新的方向，得到持续发展。因此，资源型城市的建设应从重视基础建设向重视功能建设转变，将功能建设作为城市建设的重点。

三是城市发展模式应从经济增长型向经济、社会、生态、环境协调发展型转变，在城市发展过程中化解人口、资源、环境与经济增长和社会发展的矛盾，促进资源型城市的可持续发展。资源型城市的突出问题是生态、环境压力大，有的城市还存在社会事业发展相对滞后的问题，经济发展与人口、资源、环境的矛盾较多，有时甚至发生冲突，限制了城市的经济发展。因此，资源型城市尤其要克服片面追求经济增长的观念，城市发展模式要由经济增长型向经济、社会、生态、环境协调发展的模式转变，树立城市发展质量的理念，不仅是提高经济发展的质量，更要提高城市的生态环境质量、社会发展容量和城市文化含量，以及城市管理的效率，通过提高城市质量化解人口、资源、环境与经济社会发展的矛盾和冲突，通过增强可持续发展能力，提升资源型城市的质量与价值。

四、推进城市与区域由"二元"发展向统筹发展转型

区域经济学认为，经济区域有三大构成要素。一是经济中心，即区域内的城市；二是区域腹地，即城市所辐射的区域；三是区域网络，即中心

与腹地经济、社会、文化与市场联系的各种载体与渠道。[①] 也就是说，城市与区域不是独立发展的，相互之间具有密切的联系，城市与区域的科学发展，必须是统筹发展。资源型城市也是一样，从区域经济学意义上讲，资源型城市发展道路的转型创新，必须推进城市与区域由"二元"发展向统筹发展的转型创新。

在我国，资源型城市与所在区域的发展关系，大体经历了两个阶段。第一阶段是改革开放前的计划经济体制时期，资源型城市基本上是独立于所在区域而发展的，各城市按照资源开发的产业类型，实行上下垂直的部门"条条"管理体制，在产业发展上也与所在地区即"块块"基本没有联系，处于"二元"发展状态。第二阶段是改革开放的社会主义市场经济体制时期，全国普遍推行市带县（部分县改市）的体制，资源型城市也不例外，其中，地级资源型城市都管辖几个县，资源型的县（镇）也改制为县级市，资源型城市与所在地区成为一个行政区，但城市只是"区划型"城市，而不是"区域型"城市，资源型城市与所在区域的经济发展仍是"二元"格局。尽管这个时期中央各部门已把管理权下放给地方，也没有改变资源型城市经济发展与地方经济发展相脱节的局面。可以说，这两个阶段的行政管理体制虽然不同，但城市与区域在产业和经济上孤立发展的"二元"局面没有改变，资源型城市大多没有形成区域经济中心，对区域经济发展的带动作用普遍较小。有的城市在资源枯竭的情况下，城市发展失去

[①] 程必定. 区域经济学 [M]. 合肥：安徽人民出版社，1989.

第十一章 资源型城市经济转型的科学思路

方向，区域发展也缺乏支撑。因此，改变资源型城市与区域"二元"发展的局面，推进城市与区域向统筹发展方向的转型创新，不仅十分必要，而且极为紧迫。

推进资源型城市与所在区域由"二元"发展向统筹发展的转型创新，对城市来说主要是培育城市的区域中心功能，对腹地区域来说主要是推进经济社会结构向城市化的转型。

资源型城市培育区域中心的功能，关键是要推进"区划型"城市向区域型城市的转型创新，核心是培育城市对区域的经济辐射与带动功能。因为在市带县或市县合一的行政体制下，城市与区域并不存在行政界限，但却存在产业界限、经济界限，城市作为区划意义上的行政中心功能很强，而作为区域意义上的经济中心功能却很弱，发挥不了以城带乡的作用。这就要从拓展城市与区域间的人口、劳动力、资金、技术等要素流动入手，充分发挥市场机制调节作用，优化城乡之间的资源配置，发展城乡之间的经济联系，构建起城市与区域间分工合作的产业体系、经济体系，发挥城市在区域经济体系发展中的主导作用，就会逐步形成资源型城市的区域中心功能，带动所在区域的经济社会发展。这样，资源型城市就不只是区划意义上的行政中心，更是区域意义上的经济中心。

资源型城市所在区域，要确立融入城市、融入市场的发展方向，充分运用城市对区域的辐射与带动功能，推进产业结构的城市化转型、就业结构的城市化转型、空间结构的城市化转型和文化与观念的城市化转型，通过四个方面的城市化转型，呼应城市的辐射与带动，或承接城市的产业转移,或融入城市的经济体系,就会不断提升区域的发展水平。这样,资源型城市与所在区域就会在发展中统筹,在统筹中发展,开拓转型创新的发展前景。

资源型城市在我国占有相当大的比重,并且大多是中国工业化的新老基地,不少城市的资源虽然已接近枯竭,但由于积极探索和推进经济结构转型,城市发展走出了"资源诅咒"的困境,又呈现出新的发展生机。特别是国务院2008年、2009年两批公布的44座资源枯竭型经济转型试点城市,在探索经济转型的科学思路方面积累了不少成功的经验,本文从四个方面概括的经济转型思路,也得益于这些试点城市的宝贵经验。这些城市的经验还表明,推进资源型城市的顺利转型,必须走创新之路,以创新推动经济转型。

资源型城市经济转型的创新包括技术创新、管理创新、体制创新、观念创新乃至文化创新等诸多方面,范围十分广泛,涉及的矛盾和问题也很多。特别是各市的情况千差万别,创新的任务和重点也不相同。不过,无论如何千差万别,从城市整体角度看,每一个资源型城市经济结构的转型创新,都要有"顶层设计",整体地、系统地规划与设计转型创新,而从创新角度看,"顶层设计"的关键是构建有活力的创新体系。一般来说,这个创新体系至少要有三个构成要素(即创新者、创新点、创新力)。创新者是创新体系的策划者、启动者、操作者,应该是城市党委、政府负责人及领导班子,并要延伸到企业家、银行家和投资者;创新点是资源型城市转型的那些关键点,既有"硬件",又有"软件",如果关键点突破了,城市转型就会推进一大步；创新力是推进城市创新的动力，包括体制、机制、政策等，是创新体系得以建立和发展的发动机、加油机。创新者、创新点、创新力三者缺一不可，是资源型城市转型的必要条件。因此，搞好"顶层设计"，构建创新体系，才能更好地推进资源型城市的资源型产品向产业链的转型延伸、高碳发展模式向低碳发展模式的转型提升、城市由资源型向价值型的转型拓展、由"二元"发展向统筹发展的转型创新，开拓各资源型城市转型发展的新前景。

第十二章　资源型城市转型路径分析
——以盘锦市为例

中国资源型城市研究的正式开始应该是 20 世纪 70 年代末，代表是李文彦在 1978 年发表的《煤矿城市的工业发展与城市规划问题》。在论文中，李文彦对煤资源型城市进行了定义，提出界定煤资源型城市的四个指标：煤矿职工在城市职工中的比重；全市工业总产值构成中煤炭工业的比重；煤炭生产的规模，并依次分类为大型、中型和小型；煤炭开发为城市兴起的主要原因。作者依据这四个指标界定了 24 个煤资源型城市。这是煤炭城市的开创性研究，也是中国资源型城市的开创性研究。

一、资源型城市转型研究综述

20 世纪 80 年代关于资源型城市研究兴起并发展起来，代表是周一星关于城市职能的研究。1988 年，周一星首次对我国城市职能的分类进行了

第十二章　资源型城市转型路径分析——以盘锦市为例

深入研究，形成了城市分类的完善体系和客观标准。后来周一星等人以工业、采掘业、地质勘探业、建筑业、交通邮电业、商业、机关团体、旅游业、其他第三产业、人口规模等10个变量作多变量分类的基础，采用以多变量聚类分析方法，然后结合纳尔逊统计分析方法的原理对分析结果进行了类别描述和命名，实现了定性和定量的有机结合。依据这个体系和标准，周一星又对600多个城市进行了职能分类。

20世纪末，一些有识之士开始关注资源型城市转型问题。王青云在《资源型城市经济转型研究》一书中，分析了我国资源型城市所面临的主要问题和转型的困难，提出了经济转型的基本思路与政策措施，并对鹤岗、鸡西、阜新、抚顺、北票、萍乡、淮北、淮南、葫芦岛、铜陵、冷水江、攀枝花、大庆、盘锦、伊春、临江等城市做了实证分析，对这些城市的经济转型进行了研究。张米尔、武春友在《资源型城市产业转型障碍与对策研究》中分析资源型城市特点的基础上，列出资源型城市产业转型的七大障碍（区位障碍、产业障碍、环境障碍、产权障碍、体制障碍、财力障碍、人才障碍），提出从国民经济和社会发展的战略高度重视资源型城市的产业转型问题、实施制度创新，挖掘制度变迁的利益、改善投资环境，发挥区域比较优势、积极开展国际合作，学习借鉴国外经验、加强职业培训，鼓励个人创业五大克服障碍的对策。高国力专门就我国石油资源型城市经济转型问题、思路和对策进行了研究。武春友、叶英、栾华贺、王六芳等人就资源型城市的产业转型问题进行了研究。丁四保、孙淼在《资源枯竭型城市发展困境与中央政府的作为》中阐述了以资源开采为主导部门的城市走向经济衰退的经济规律，细致分析了在我国发生这类问题的制度因素和历史背景。针对具体的资源枯竭型城市（大庆、伊春、玉门），分析了它们在理论和实践中遇到的种种困难。理论上主要是"动力生产循环"与结构性风险即循环总是要求有一个起点，如果这个起点是单一的（针对资源型城市单一的经济结构），起点以后的循环就可能是有风险的，而且会依据循环的机制使风险扩大化。实践中针对阜新——开发接续产业，大庆——开发下游产业等，以具体的数据和简单的数理计算明确表达了这些城市在转型实践中的困难。在我国，资源枯竭型城市的问题主要是社会问题而不是经济发展问题。所以中央政府必须为解决资源枯竭型城市的困难承担历史性和制度性的责任，并且提出中央政府可以有所作为的工作领域、工作措施和措施目标。

二、资源型城市转型的研究背景

中国共产党十七大报告提出要落实科学发展观，坚持全面协调可持续发展的目标，全面推进经济建设、政治建设、文化建设、社会建设，促进现代化建设各个环节、各个方面协调，促进生产关系与生产力、上层建筑与经济基础相协调。坚持生产发展、生活富裕、生态良好的文明发展道路，建设资源节约型、环境友好型社会，实现速度与结构质量效益相统一、经济发展与人口资源环境相协调，使人民在良好生态环境中生产生活，实现经济社会永续发展。在此大背景下，笔者选取所工作生活且具有典型意义的资源型城市——辽宁省盘锦市，从如何借鉴国内外资源型城市

第十二章 资源型城市转型路径分析——以盘锦市为例

正反两方面的案例,着眼于盘锦加快产业转型和可持续发展的战略可行性分析,探索发展目标和发展途径,从而积极争取国家资源型城市发展的政策支持,大力发展循环经济,建设现代化生态城市,走出一条低污染、低能耗的集约型和高技术含量、高附加值的可持续增长路子,变盘锦的资源比较优势为经济比较优势和市场核心竞争优势,建设宜居城市,构建和谐社会。

2008年3月17日,国家正式确定甘肃白银、河南焦作、江西萍乡、湖北大冶、吉林白山、云南个旧、辽宁阜新、黑龙江伊春、吉林辽源、辽宁盘锦、宁夏石嘴山和黑龙江大兴安岭地区等12个城市地区为全国首批资源枯竭型城市。此前,资源型城市如何转型发展,这12个城市进行了多种形式的探索,取得了一些成效。但是,被国家确定为首批资源枯竭型城市后,如何通过国家扶持再造产业优势,全面解决经济、社会、生态和文化等方面的问题,将成为一个新的课题。

(一)问题陈述

资源型城市如何发展是一个世界性的难题,各资源型城市产业转型的效果多不理想。虽然法国洛林、德国鲁尔被誉为转型的范例,但这是在巨大的财政支持下(每个区域高达数百亿美元)对产业衰落区域进行治理,经过几十年磨难后的结局。在20世纪90年代中期,中国政府每年提供20亿—30亿元的贴息贷款支持煤炭城市实施产业转型,辽宁省共争取到11亿元,先后在阜新、抚顺等矿务局上马77个项目,尽管付出艰辛努力,但建成后能够盈利的项目仅占10%左右。包括中国在内的各国政府都非常重视资源型城市的产业转型问题,但为什么资源型城市产业转型还是如此之难?怎样才能少走弯路?盘锦市这个资源型城市产业转型的实践也提出许多需要解释的问题。

(二) 研究的目的

本章将研究置于国家实施东北振兴和即将上升为国家战略的辽宁"沿海经济带"平衡发展战略的大背景之下,依据盘锦石油产业发展的区位条件,包括人文经济环境、自然资源禀赋、发展条件和主要的制约因素,分析研究了以能源化工基地建设为主体的工业化过程中面临的机遇与挑战;专题研究了作为新兴资源型城市的盘锦,如何汲取资源枯竭型城市产业单一、竭泽而渔的经验教训,做到资源节约,产业优化,结构协调,产业链延伸,以实现资源的永续利用,主导产业和城市的可持续增长。

(三) 资源型城市的理论

国外对石油城市的研究包括在对资源型城市的研究之中,对资源型城市的系统研究是从20世纪60年代开始,代表人物有鲁卡斯、布莱德伯里、马什、沃伦、欧费奇力格、霍顿、海特、巴恩斯等。近年来,国外对资源型城市的研究主要来自加拿大、澳大利亚、美国及欧洲的法、德两国。从国外实际情况来看,美、加、澳三国资源型城市的规模一般较小,通常只有一个小镇的规模,因此在国外研究著作中,资源型城市一般被称为资源型城镇或资源型社区。在研究方法上以描述性的实证研究占多数,理论性的规范研究成果也不少。从对国外资源型城市转型的研究和实践来看,资源型城市政府也起着举足轻重的作用。国外对资源开发较早,很多城市较

第十二章 资源型城市转型路径分析——以盘锦市为例

早进入了衰退期,从20世纪60—80年代,对资源型城市问题进行了深入的研究,并制定了相应的政策。研究的重点集中在资源型城市的产业转型、资源链的延伸以及针对各种社会问题政府应采取的应对措施等。如莫法特的《可持续发展——原则和政策分析》。同时,对石油型城市的研究主要集中在成功转型的美国、澳大利亚地区和转型失败的俄罗斯和委内瑞拉地区。20世纪80年代以后,国外很多资源型城市(主要是煤炭型城市)实现了成功转型,国外研究转向城市可持续发展、城市化过程中的问题及城市生态学的研究。

1978年,李文彦发表的《煤矿城市的工业发展与城市规划问题》,开启了中国资源型城市的正式研究。在论文中,李文彦对煤资源型城市进行了定义,提出了界定煤资源型城市的四个指标。煤矿职工在城市职工中的比重;全市工业总产值构成中煤炭工业的比重;煤炭生产的规模,并依次分类为大型、中型和小型;煤炭开发为城市兴起的主要原因。作者依据这四个指标界定了24个煤资源型城市。1995年,李秀果、赵宇空出版了专著《中国矿业城市:持续发展与结构调整》,开始用社会科学的方法进行资源型城市的研究,出现了多门学科、多种理论相结合研究的趋势。

国家发改委宏观经济研究院课题组撰写的《我国资源型城市的界定与分类》在研究总结已有成果的基础上,对资源型城市作如下定义:资源型城市是因自然资源的开采而兴起或发展壮大,且资源性产业在工业中占有较大份额的城市。依据发生学原则、动态原则、定性与定量相结合以定量为主的原则确定的我国资源型城市共计118个,其中东北地区合计30个。

在上述基础上，又根据采掘业产值占工业总产值的比重（20%以上）、采掘业产值（对县级市而言应超过1亿元，对地级市而言应超过2亿元）、采掘业从业人员占全部从业人员的比重（15%以上）、采掘业从业人数（对县级市而言应超过1万人，对地级市而言应超过2万人）等四个指标，同时综合考虑其他有关因素，界定典型资源型城市共计60个。

三、资源型城市面临的问题

资源型城市因资源的开采而兴起和发展，也必然因资源的减少和枯竭而停滞和衰落，同时20世纪末中国社会面临全面的转型时期，尤其是计划经济体制向市场经济的转轨时期，结构性调整也是大多数的城市所必须面对的现实，由此转型问题成为资源型城市研究中的主要问题。张米尔在《市场化进程中的资源型城市产业转型》一书中，运用区域发展理论和产业演进规律和政策等理论，对资源型城市产业转型的背景、产业组织和转型模式和政策等方面进行了研究。

张秀生、陈先勇从资源型城市类型差异的角度分析了我国不同类型资源型城市发展面临的主要问题。他们指出，由矿业起步成为综合发展程度较高的资源型城市三产发展次序较好，也比较重视环境保护和城市规划，正面临二次创业的资源型城市面临着资源带来经济效益下降的威胁，单一的产业结构有待于优化；正处于发展期的资源型城市往往在发展中忽视城市基础设施建设，环保意识不强，产业结构单一，容易走上矿竭城衰的怪圈；仍未摆脱传统发展模式所遗留大量经济和环境问题的资源型城市开发

第十二章 资源型城市转型路径分析——以盘锦市为例

时间较长，畸形的单一超重型产业结构，使各种社会问题由于主体企业衰退而日益严重，生态环境持续恶化，应及早采取应对措施使城市经济复苏。王建平、陈元朝提出了相似的看法，认为我国目前资源型城市存在的普遍问题就是产业结构存在明显的刚性，培养后续替代主导产业的能力不强，这是影响资源型城市可持续发展的核心问题。宋晓梧认为，我国资源型城市普遍面临的问题主要包括：经济结构单一，增长缺乏后劲，下岗失业人员多，就业压力大，居民生活困难，社会矛盾积聚，生态环境破坏严重，部分矿区存在地质灾害隐患，人才相对匮乏，教育基础薄弱。

四、盘锦资源型城市产业转型与可持续发展研究

盘锦市于1984年6月经国务院批准建立。作为省辖市，盘锦市位于辽宁省西南部，辽河三角洲的中心地带，辖盘山、大洼两县和双台子、兴隆台两区。辖区面积4971平方公里，总人口126万人。盘锦地势平坦，平均海拔2米左右，适于芦苇、牧草的生长和水稻的种植以及水产品养殖。

盘锦自然资源丰富，地下蕴藏着丰富的石油和天然气，是一座因油而生、因油而兴的资源型城市，石油化工产业在全市工业经济中占主导地位。建市初期，盘锦地区GDP总量37亿元，其中原油采掘业和以油气为原料的加工业增加值30亿元，占全市GDP的81%。盘锦市当年原油和天然气产量分别为760万吨和13.7亿立方米，是继大庆油田和胜利油田之后的全国第三大油田。从那时开始，盘锦市的经济实力逐步增强，并作为一座新兴的石油化工城市在辽河平原腹地崛起。1994年，盘锦石油产业占国

内生产总值的 57.6%。1997 年，盘锦市城市综合实力进入全国百强行列，提前 6 年实现了"翻两番"的目标。到 2003 年年底，全市 GDP 总量达到 338 亿元，是建市初期的 9 倍，经济总量位居全省第 4 位。全市人均 GDP 达到 2.72 万元，位居辽宁省 2 位。2005 年，盘锦石油产业占国内生产总值的 43%（2006 年中国油价上涨，故不列入比较范围）。到 2005 年年底，已建成以石油化工、石油制品、基本化学原料、化学肥料等行业为主体的石油化工体系，技术经济实力比较雄厚。

经过 20 年的发展，盘锦市三次产业比重顺序已由 1978 年"二、一、三"变成目前的"二、三、一"结构顺序，国民经济比例关系也发生了巨大变化，主要表现在以下几方面。

（一）工业比重大，石油开采及加工业在盘锦工业中占据绝对优势

经过多年发展，盘锦工业比重已由 1978 年的 58.8% 上升到 64.1%，上升了 5.3 个百分点，同期全国工业比重由 44.3% 上升到 44.4%，上升了 0.1 个百分点，这说明盘锦第二产业比重大，上升较快，这主要归功于以油气资源的采掘、输出和利用为主的产业拉动作用。2003 年，盘锦市石油、天然气开采及加工业实现工业增加值 176.7 亿元，占全市 GDP 的 52.3%，占工业增加值的 81.1%。目前，盘锦市全部独立核算工业企业约 200 户，其中大中型工业企业 12 户，而辽河油田和其他以当地石油资源为原料的工业企业户数虽然在大中型企业中仅有 7 户，但它们的主要经济指标在全部独立核算工业企业中占有较大比重。这 7 户企业的销售收入、总资产、从业人数分别占当年全部独立核算工业企业的 86%、84%、89%。

第十二章　资源型城市转型路径分析——以盘锦市为例

除去上述 7 户企业之外，其他工业企业虽然为数众多，但在全市工业经济总量中却占很少份额。

（二）农业经济较为发达，但对全市经济增长的拉动作用乏力

盘锦在地理上属于辽河退海冲积平原，建市前是饱受旱涝盐碱之害的辽宁"南大荒"，经过"辽河三角洲农业综合开发"等项目的建设，开垦宜农荒地 33.9 万亩，水田 172.2 万亩，稻米年生产能力 90 万吨，已成为具有一定知名度的盘锦大米主产地；境内现有苇田 106.8 万亩，年产芦苇 50 万吨；水产业和棚菜比较发达，水产品产量 15 万吨，棚菜 42 万吨。初步形成了水稻、蔬菜、河蟹、对虾、淡水鱼、生猪等商品生产基地。2003 年，全市农业增加值为 38 亿元，占 GDP 的 11.2%。这说明盘锦农业较为发达，但同工业相比，实力较差，对 GDP 的拉动力较弱。

（三）第三产业发展缓慢，增加值比重低

受传统的计划经济体制影响，受建市时间短特别是缺乏城市建设和管理经验的影响，建市最初几年，盘锦市的第三产业几乎就是空白。随着社会主义市场经济的建立，随着工农业生产的发展和人民生活水平的提高，第三产业逐步兴起并迅速发展，这无疑给盘锦经济提供了有益补充。但第三产业比重低。目前，第三产业增加值占 GDP 的比重，世界平均水平 50% 左右，我国是 30% 多一点儿，而作为一个对外开放的中等城市，第三产业的比重应该高于全国平均水平。2005 年，盘锦市第三产业增加值仅为 65 亿元，占全市 GDP 的 19.2%，比全国平均水平（33.7%）低 14.5 个百分点，比辽宁平均水平（41.4%）低 22.2 个百分点。这说明盘锦市的第二产

业发展还是相对滞后，对 GDP 的拉动作用有待于进一步提高。

盘锦市的经济总量大部分来源于工业，而工业又依赖于石油资源开采及加工，第一、第三产业虽有发展，但在全市经济总量中比重很小。石油勘探开发业一直是盘锦的经济命脉，这也充分说明盘锦市是个典型的资源型城市。盘锦市以油气资源采掘为主导产业所形成的单一经济结构，使盘锦市经济在未来发展中面临巨大挑战和问题。

五、盘锦资源型城市转型的生命周期阶段

中国典型的石油城市确定为 9 座，即黑龙江的大庆市、吉林的松原市、辽宁的盘锦市、山东的东营市、河北的任丘市、河南的濮阳市、甘肃的玉门市、新疆的克拉玛依市和库尔勒市等。分别位于全国 8 个省（市）、自治区，其中东部地区 2 座，中部地区 4 座，西部地区 3 座；地级市 6 座，县级市 3 座。"缘油而建"的特性造成石油城市在发展中对石油资源的强烈依赖性。大庆、任丘等城市的发展与当地的石油开发息息相关。以石油资源开发为主导产业的石油城市必然受到周期化的影响，呈现出城市发展的生命周期阶段。

（一）石油城市的生命周期

盘锦是因油而建、因油而兴的资源型城市。辽河油田从 1970 年正式开采以来，原油产量不断攀升，1995 年跃居为全国第三大油田，建成了全国最大的稠油、高凝油生产基地，为国家石油工业的发展做出了重大贡献。2006 年，辽河油田实现经济增加值 292.8 亿元，创利税 164.8 亿元。其发

第十二章 资源型城市转型路径分析——以盘锦市为例

展有力地支持了国家和全省的经济建设，也带动了盘锦区域经济和社会的发展。盘锦市为我国第三大油田辽河油田总部所在地，从1970年开始到1995年，辽河油田油气产量达到最高峰，当年实现原油产量1552万吨，天然气产量17.7亿立方米。从1996年开始，原油、天然气产量开始呈现逐年递减的趋势，且原油和天然气开采成本也在逐年上升。到2004年，原油产量减少到1283万吨，天然气产量减少到10.0亿立方米，分别比1995年下降了17.4%和43.6%。尽管每年都有新增探明储量作为补充，但新增探明储量已明显低于当年动用储量，储采比严重失衡。有关专家对辽河油田的总体估价是：勘探已进入高成熟期，开采量已进入总递减阶段。

根据王颖1997年在《资源型城市发展的实证研究——以辽宁省盘锦市为例》中的研究，盘锦经济已进入第三阶段平衡期，这一时期的特点是城市人口增长趋于平稳，主导产业继续保持稳定发展，规模效益、集聚效益提高，产业结构特色已经形成，城市经济持续快速增长。同时，城市肩负发展主导产业和选择替代产业的双重任务，需要孕育新的经济增长点，为专业性城市逐步向综合性城市过渡创造条件。

表 12-1 辽河油田油气生产基础数据

项目	单位	年份									
		1997	1998	1999	2000	2001	2002	2003	2004	2005	2006
原油产量	万吨	1504	1452	1430	1401	1384	1351	1322	1284	1243	1202
天然气产量	亿立方米	15.50	12.00	11.00	11.55	13.14	11.31	10.58	10.56	9.69	8.90

续表

项目	单位	年份									
		1997	1998	1999	2000	2001	2002	2003	2004	2005	2006
原油产量占上年的比重	%	100.00	96.54	98.48	97.97	97.79	97.62	97.85	97.13	96.80	96.70
天然气产量占上年的比重	%	94.48	77.42	91.67	105.00	113.77	86.07	93.55	99.81	91.80	96.60

资料来源：《盘锦市国民经济和社会发展统计公报1997—2006》。

路径依赖在盘锦经济中的表现为：三大产业比例失调，经济发展过分依赖第二产业，而第二产业又过分依赖原材料产业（绝大部分为石油产业），非石油产业在盘锦占的比重非常小，发展空间不大（见表12-2和表12-3）。

表12-2 盘锦三大产业所占地区生产总值的比重之比

年份	地区生产总值/亿元	第一产业增加值/亿元	第二产业增加值/亿元	第三产业增加值/亿元	三大产业增加值占地区生产总值的比重之比
2002	302.0	35.1	207.5	59.4	11.6∶68.7∶19.7
2003	340.0	38.0	236.0	66.0	11.2∶69.4∶19.4
2004	368.7	41.2	252.7	74.8	11.2∶68.5∶20.3
2005	425.2	46.0	302.9	76.3	10.8∶71.2∶18.0
2006	513.3	50.7	380.5	82.1	9.9∶74.1∶16.0

资料来源：《盘锦市国民经济和社会发展统计公报2002—2006》。

第十二章 资源型城市转型路径分析——以盘锦市为例

表 12-3 盘锦原材料工业总产值占工业总产值比重

年份	工业总产值/亿元	工业增加值/亿元	原材料工业总产值/亿元	原材料工业总产值占工业总产值比重/%
2002	384.0	203.2	360.8	93.9
2003	433.8	218.0	405.9	93.5
2004	495.8	230.7	435.3	87.8
2005	613.5	339.4	514.9	83.9
2006	772.3	358.7	711.4	92.3

资料来源:《盘锦市国民经济和社会发展统计公报 2002—2006》。

为了进一步说明盘锦国民经济对原材料工业的依赖,特提出盘锦市地区生产总值(国民经济)对原材料工业增加值的依存度这一概念。具体计算方法为:第一步计算出国民经济对工业增加值的依存度,公式为工业增加值/地区生产总值。第二步计算工业增加值对原材料工业增加值的依存度。具体计算公式为原材料工业增加值/工业产业增加值。因为盘锦工业总产值的绝大部分由原材料工业产值组成(见表 12-3),相应的工业增加值的绝大部分也由原材料工业增加值组成。因此,工业增加值对原材料工业增加值的依存度很接近工业总产值对原材料工业总产值的依存度,为便于计算,我们用工业总产值对原材料工业总产值的依存度表示工业增加值对原材料产业增加值的依存度。第三步求出盘锦国民经济对原材料工业增加值的依存度。具体公式为国民经济对工业增加值的依存度乘以工业总值对原材料工业总产值的依存度（见表12-4）。

表12-4 盘锦国民经济对材料工业增加值的依存度（2002—2006）

年份	国民经济对工业增加值的依存度	工业总产值对原材料工业总产值的依存度	国民经济对原材料增加值的依存度
2002	0.67	93.9	62.91
2003	0.64	93.5	59.84
2004	0.63	87.8	55.31
2005	0.80	83.9	67.12
2006	0.70	92.3	64.61

资料来源：《盘锦市国民经济和社会发展统计公报2002—2006》。

从中不难看出盘锦近年来对原材料工业增加值的依存度一直高于50%，属严重依赖资源型城市。但如前所述，盘锦原材料工业的基础——原油及天然气产量逐年下降，核心可持续发展能力的驱动力转向其他可持续利用资源显得尤为紧迫。该阶段对城市发展前景有决定性作用，可以说是盘锦经济发展的分水岭，要么沿着已有的路径依赖向前发展，形成路径锁定，要么寻找新的可持续利用资源，突破路径依赖，打造新的经济增长点。

总之，根据盘锦原油和天然气产量总体呈下降趋势和2005年以来盘锦经济增长速度一直位居辽宁末位的现实，可以判断盘锦经济已进入平衡期和转化期之间的一个过渡时期。目前，盘锦由于受资源分布、储量、开采地质条件制约，经济增长正处于下滑时期，衰退迹象初见端倪。从发展趋

第十二章 资源型城市转型路径分析——以盘锦市为例

势看,衰退迹象在未来发展中表现得更为明显,矛盾更加突出。因此,我们可以认为,盘锦已进入第三阶段与第四阶段交替时期。

(二)盘锦的脆弱性分析

目前,关于经济系统脆弱性评价的研究较少,在分级标准上可资借鉴的研究成果不多,考虑到脆弱性分级的复杂性,在借鉴相关研究①的基础上,本文把经济系统脆弱性指数在(0,1)范围内划分为5类,按照脆弱性指数的数值由小到大依次命名为不脆弱、不太脆弱、脆弱、比较脆弱、非常脆弱(表12-5)。

表12-5 经济系统脆弱性等级

经济系统脆弱性指数(ESV)	ESV<0.3	0.3≤ESV<0.5	0.5≤ESV<0.7	0.7≤ESV<0.9	0.9≤ESV<1.0
脆弱性等级	不脆弱	不太脆弱	脆弱	比较脆弱	非常脆弱

盘锦作为目前我国最大的石油生产基地,其稳定发展对确保我国石油供给安全具有极其重要的作用。为了更好地了解盘锦市经济系统发展状况,选择我国其他典型石油城市进行对比。由于某些石油城市的统计数据和相关资料不够完备,而且县城或者县级市与地级市在行政区划上存在差别,不便于比较;同时,大庆目前正处于中年期开采阶段,为了更好地对处于相同发展阶段的石油城市经济系统发展情况进行比较,本文选择5个

---

① 苏飞,张平宇. 阜新市社会系统脆弱性评价[J]. 资源与产业,2008,10(4):1-5.

地级石油城市作为对比城市，包括东北地区的吉林省松原市和辽宁省盘锦市，东部地区的山东省东营市，中部地区的河南省濮阳市，西部地区的新疆维吾尔自治区克拉玛依市（表12-6）。

表 12-6

	大庆	松原	盘锦	东营	濮阳	克拉玛依
脆弱性指数	0.574	0.581	0.524	0.242	0.472	0.587
敏感性指数	0.092	0.051	0.026	0.114	0.011	0.198
应对能力指数	0.482	0.530	0.498	0.128	0.461	0.389
脆弱性等级	脆弱	脆弱	脆弱	不脆弱	不太脆弱	脆弱

（三）与大庆市、松原市的比较。

2006年，大庆、松原、盘锦三市的经济系统脆弱性指数分别为0.574、0.581、0.524，均属于脆弱等级。盘锦与松原、大庆同属于东北地区，在资源环境状况和经济发展方面有很多相似之处，三市的经济系统脆弱性非常接近。相对而言，盘锦与松原在对不利扰动的敏感性和应对能力方面更为接近，两个城市各因素指数互有高低。盘锦油田正处于开采中后期，虽然石油产量开始逐年战略调减，石油采掘业从业人员比重也有所下降，但是近年来石油价格不断攀升，石油采掘业产值比重还是远高于松原市，城市经济系统表现出较高的敏感性；同时，盘锦近年来不断加大产业结构调整力度，在经济发展水平、财政积累能力、经济效率方面具有优势，比松原表现出更强的应对扰动能力。松原处于由石油开采初期向中期过渡阶

第十二章 资源型城市转型路径分析——以盘锦市为例

段,与盘锦相比,经济发展对石油采掘业的依赖程度较低,但其在经济实力、经济效率、财政积累能力等方面也处于劣势,具有较低的应对能力。故此,盘锦和松原两市的经济系统表现出相近的脆弱状态。盘锦与大庆是均处于中年期开采阶段的石油城市,在经济发展水平、产业结构状况、财政积累能力方面水平接近,具有相近的应对能力;而大庆经济发展对石油采掘业的依赖程度高于盘锦市,主要体现在石油采掘业产值比重和从业人员比重均高于盘锦,具有较高的敏感性。故而,大庆经济系统脆弱性指数高于盘锦。

(四) 与东营市的比较

2006年,东营经济系统脆弱性指数为0.242,为6个石油城市中最低,属于不脆弱等级。东营是我国陆上第二大石油生产基地,虽然城市经济发展对石油资源具有高度依赖性,对可采石油资源储量变化具有较高的敏感性,敏感性指数仅次于克拉玛依,位于第2位;但其地处渤海之滨的黄河三角洲,地理位置优越,交通设施完善,同时经济发展水平、经济效率、财政积累能力和对外开放性方面均具有较高的水平,对不利扰动的应对能力最强。与东营市相比,盘锦市经济系统处于较高的脆弱水平。虽然两市均属于中年期的石油城市,对石油资源具有高度依赖性,经济系统也具有相近的敏感性,但盘锦市在经济发展水平、财政积累能力、产业综合发展状况、经济发展推动力、利用外资方面均处于劣势,具有较低的应对能力。所以,与东营相比,盘锦经济系统脆弱性较高。

(五) 与濮阳市的比较

2006年，濮阳经济系统脆弱性指数为0.472，仅高于东营市，属于不太脆弱等级。濮阳是中原油田的主产区，是我国东部地区一个重要的石油、天然气生产基地，但是规模较小，2006年原油产量仅为30517×104t。因而，濮阳经济发展对石油资源的依赖程度较之其他5市最低，敏感性指数也最低，但其经济发展水平、经济效率、财政积累能力等方面也是6市中最低的，对不利扰动具有较低的应对能力。与濮阳相比，盘锦虽然具有较强的经济实力、财政积累能力和较高的经济效率，但在产业结构、经济推动力、经济外向性方面处于劣势，两者的应对能力指数分别为0.482和0.461，应对能力相近。而盘锦经济发展对石油资源的依赖性远高于濮阳，敏感性指数远高于濮阳。因此，盘锦经济系统脆弱性较高，属于脆弱等级，而濮阳属于不太脆弱等级。

(六) 与克拉玛依市的比较

2006年，克拉玛依经济系统脆弱性指数为0.587，为6市中最高。克拉玛依经济发展对石油资源具有高度依赖性，石油采掘业产值所占比重和从业人员比重均为6市中最高，敏感性指数最大，对不利扰动具有高的敏感性，而其经济系统的应对能力处于一般水平。与克拉玛依相比，盘锦与其在财政积累能力、经济结构状况、经济推动力、经济效率方面十分接近，而盘锦在经济发展水平、经济外向性方面远落后于克拉玛依，具有较低的应对能力。盘锦通过近几年的产业结构调整，实施原油战略调减，对

第十二章 资源型城市转型路径分析——以盘锦市为例

石油资源的依赖性有所降低，较之克拉玛依市具有较低的敏感性。故而，两市经济系统脆弱性水平相当，均属于脆弱等级。

研究结果表明，与处于相同发展阶段的其他典型石油城市相比，盘锦经济系统脆弱性低于西部城市，高于中东部城市，与东北其他城市相近；盘锦市近年来经济系统脆弱性虽逐年降低，但仍处于脆弱水平，经济转型任务依然艰巨。随着近年来原油产量战略调减和国际原油价格不断攀升，盘锦经济系统脆弱性存在着波动，应对能力不断增强，而对不利扰动的敏感性有减小也有增大的变化，说明盘锦在经济发展过程中需要采取有力措施积极应对可采石油资源逐渐减少、国际原油价格波动等不利因素给经济发展带来的冲击。

六、盘锦SWOT分析

（一）盘锦资源型城市优势分析

1. 区位条件优势。盘锦市是辽宁省沿海开放城市之一。地处辽河三角洲中心地带，东与鞍山市毗邻，西临渤海湾，南与营口市隔辽河相望，北与锦州接壤，有大小河流21条，海岸线长118公里，具有良好的外部区域经济环境。同时，境内交通便捷，京沈、盘海两条高速公路和秦沈高速铁路、电气化铁路贯穿盘锦，市区与沈阳桃仙国际机场相距仅120公里，与大连港、营口港等国际口岸相距只有350公里和140公里；境内的盘锦港作为2级门岸，建有油品和杂货两个3000吨级泊位码头，年吞吐量60万吨，目前正在规划扩建之中。辅路建设四通八达。全市通车总里程1564公里，公路密度41.12公里/百平方公里，全市以市区为中心，国、省干线为骨架，县级公路为支线，油田专用公路为补充的公路网已经形成。

2. 资源禀赋优势。新制度经济学认为，资源禀赋是实现制度变迁的重要基础。盘锦自然资源丰富，既有关系国民经济命脉的战略资源，如石油、天然气，又有河蟹、盘锦大米、文蛤等与人民生活息息相关的农副产品资源。盘锦地处辽河入海口，与营口港、鲅鱼圈港相邻，并且目前正在与营口港合作修建新港，得天独厚的区位优势使盘锦容易加强与周边地区的合作，也有利于物资的扩散。丰富的自然资源和优越的地理位置构成盘锦制度变迁、突破路径依赖的重要基础。

一是油气资源。盘锦市地下现已探明的石油地质储量19.8亿吨，天然气储量1618亿立方米。虽然盘锦油气资源出现递减趋势，但"十一五"期间，油气产量不会骤然下跌，石油工业将继续是盘锦经济支撑力量，这将为盘锦市发展接续产业提供充裕的时间。二是农牧业资源。盘锦属于退海平原，地平土沃，现有耕地面积199万余亩，其中水田172万亩，占耕地面积的86%，土地产出率较高，盛产优质大米；后备土地资源丰富，由于处在"九河下稍"的特殊地理位置，河淤退海滩涂面积逐渐增加，现有滩涂面积93万亩。盘锦还有闻名遐迩的大苇田8万公顷，年产芦苇50万吨；有绵长的沿海滩涂，对贝类生产十分有利。三是井盐资源。盘锦初步探明盐卤水储量约16亿立方米，可用于发展盐化工业和盐水养殖。

第十二章 资源型城市转型路径分析——以盘锦市为例

3. 生态环境优势。全国最大的国家级湿地保护区——双台子河口自然保护区坐落在盘锦市，同时，盘锦市又是国家级生态示范市，具有良好的生态环境，发展绿色、有机农业和特色旅游条件优越，潜力巨大。

4. 资金优势。几十年来，辽河油田为盘锦地方政府积累了丰富的资本。使盘锦有充足的资金进行产业变革。借沿海开放的时机，盘锦大力引进新技术、新产业，为产业转型提供了大量基础设施。建市以来，盘锦财政收入得到快速增长，2003 年，市本级政府收入达到 16.98 亿元，比建市初增加了 12 倍。辽河油田、华锦集团等大企业资本雄厚，这些都是盘锦实现持续发展的支撑条件。同时，盘锦市政府一直以来实施的藏富于民政策，使盘锦居民储蓄总量数额巨大。从 1995 年开始，盘锦市金融机构的存贷款开始出现存差，并迅速扩大，2003 年已达 168.3 亿元，至 2006 年年底，盘锦市居民储蓄达 327.1 亿元，位列辽宁第一。合理利用金融机构的资金资源，将会为开放型经济的发展提供有力金融支持。按照货币乘数原理，如果将这一部分资金转化为生产资本，将产生数倍于基数的产值。

(二) 盘锦资源型城市劣势分析

1. 资源制约问题突出。辽河油田已步入稳产后期，目前，石油天然气开采以每年 11% 的速度递减，制约石化产业发展的原料问题日渐突出。

随着资源递减和探采平衡期到来，辽河油田进入三次采油时期，开发难度越来越大，主要原因是资源的生产总是先中心后腹地，先优后劣，先易后难，这势必造成增加开采初期投资和维护运营成本，增加间接人工、生产服务性成本。一是辽河油田注水油田主力区块进入"双高"（高含水、高递减率）阶段及稠油吞吐轮次增加，措施效果差。目前，注水油田进入"双高"阶段的储量2.15亿吨，占注水开发储量的30.7%，其产量占注水油田产量的31.3%。新井平均单井年产量由1995年2251吨下降到目前的856吨。二是探明未动用的储量中，依靠现有技术和手段能够动用的较少。特稠油、超稠油和特高凝油难以动用，到2003年年底，全部上报探明未动用储量3.5亿吨，依靠现有技术和手段能够开发动用的储量仅为1.24亿吨，占未动用储量的32.4%。三是油田开采程度高，原油开采成本居高不下。随着开采程度的提高，新区建设投资增加，老区工作量加大，导致原油成本呈上升趋势。一方面，由于新投入开发的油田地质条件、储量品位越来越差，油层埋藏变深，造成产能建设投资增加。另一方面，在油田操作费用中，热采费、井下作业费、动力费及其他开采费用所占比达70%—80%，随着稀油、高凝油油藏含水上升，稠油油气比下降，动力费、热采费等费用将继续上升，这使采油成本居高不下，严重制约着油田的生产发展。

2. 盘锦经济形成路径依赖，其他产业发展受影响

盘锦市是超重型和单一型的产业结构，与之相关联的产业发展非常缓慢。产业、产品结构呈低层次型。原材料、粗加工产品多，精深加工产品少，低档次、大路产品多，高附加值、名优产品少。经济发展对不可再生资源产业的过度依赖与资源产业对经济增长的贡献度逐步降低的矛盾日益

第十二章 资源型城市转型路径分析——以盘锦市为例

突出。多年来着力培育的支柱产业除化工外,塑料、建材、食品三个行业成长缓慢,总量过低,在全市工业经济中的比重不到10%,接续产业和替代产业尚未真正形成。

2005年,盘锦石油产业占GDP的43%。由此可见。非油产业在盘锦所占比重非常小,发展空间不大。与此同时,人才等要素严重向石油部门倾斜,导致其他产业缺乏相应的人才,发展举步维艰。"企业办社会"现象在盘锦体现得淋漓尽致。仅油田高中就有四所,还有油田医院等其他公共设施。从经济学的角度来讲,企业办社会容易使企业形成一个封闭的小社会,大大降低了企业与社会的交流、合作,不利于资源在社会和企业之间的优化配置,容易导致劣币驱逐良币的现象。因此,油田在带给盘锦巨额财富的同时,也将大量社会优质资源吸引到该领域,在社会资源一定的情况下,其他产业分得的资源必将减少,正如参天大树下小树难以长大一样,盘锦的非油产业在一定程度上受到石油产业的挤压,难以发展壮大。而其他产业难以发展壮大,又加剧了盘锦地方政府对油田经济的依赖,形成路径依赖。因此,在石油产量下降及产业结构单一等因素的影响下,盘锦经济增长率在辽宁全省的排名连续几年处于末位。

3. 科技力量相对薄弱,产业集约度低

产业技术结构呈低集约型,重大建设项目进展缓慢。盘锦市地方工业发展缓慢,一些国有企业更新能力差,设备老化,深加工能力低,缺乏国际市场竞争能力。以乙烯工业为例,16万吨生产装置在美国所需职工不足

400人，而乙烯工业公司一度却曾高达5000人，企业精简后，仍在2500人以上，劳动生产率低下、包袱沉重。生产企业组织结构集中度低，关联度小，缺乏专业化协作和规模效益。

工业产品销售不旺，资产设备大量闲置。从对重点企业调查结果看，盘锦处于成熟期的产品达到81.7%。作为盘锦支柱产业之一的化工行业，成熟期产品也达到80.9%，而附加值比较高的产品仅占15%左右。全市塑料、纺织行业的设备闲置率已超过60%。原材料初级产品加工比重大，高加工度化工产品比重低，尤其是石油产品，绝大部分为一次性加工产品。在全市72个名牌产品中，年创利税在千万元以上的不足10种。有个别名牌产品由于未能及时进行技术改造，提高技术含量，已成"明日黄花"。

总之，盘锦主要工业仍局限于原油、天然气、成品油、燃料油、润滑油、石蜡、沥青、尿素、聚烯烃等，地方加工工业基础力量薄弱，门类狭窄，结构单一，自身经济实力相对较弱，无力弥补油田生产下降带来的损失。

(三) 盘锦资源型城市机会分析

1. 新技术革命和全球产业结构调整。当前，以微电子、信息技术、生物工程、新材料、新能源等为代表的高科技迅猛发展并大规模产业化，由此引发新一轮世界性的产业结构调整。这为盘锦市利用后发优势，追赶和实现跨越，在知识经济时代的竞争中争得一席之地提供了难得的机遇。发达国家的结构调整，特别是从以制造业为主向以服务业为主的演变以及跨

第十二章 资源型城市转型路径分析——以盘锦市为例

国公司向海外投资的扩大,加快了国际间的产业与技术转换。在这个过程中,盘锦市的一、二、三产业都有可能通过利用国外的资本和技术实现结构和技术升级。尤其是盘锦市的石化产业和汽车零配件产业,更有可能利用国际间技术转换的机会实现技术上的突破,从而成为高新技术支持下的支柱产业。跨国公司研究与开发的全球化也为盘锦通过开展国际合作,增强技术开发能力提供了可能。

2. 全球经济一体化带来的经济贸易快速增长。加入 WTO 后,跨国公司来华投资的信心增强,为国内企业利用外资进行嫁接、改造或直接引进提供更多的可能,也有利于我国产品进入国际市场。同时,多数国际经济组织对未来 5—10 年世界经济发展前景持乐观态度,普遍认为世界经济将持续增长。在发达国家的强力推动下,世界范围的贸易自由化将进一步深化。国际贸易增长速度也将继续高于全球 GDP 速度增长,国际需求的扩大在一定程度上缓解了国内产品过剩的压力,为盘锦市开拓国际产品特别是农副产品市场提供了良好的环境。但也应该看到,国际需求的扩大是建立在更高技术基础上的,国际市场对消费品的需求在环保标准上将提出更高要求。

3. 国家决定对东北老工业基地进行调整改造。盘锦实现经济转型的外部三大机遇是:一是国家提出振兴东北老工业基地政策,盘锦是东北地区重要的石化基地,关系整个国民经济的命脉,理所当然被纳入振兴的范围。国家已经明确,对东北老工业基地的重大项目给了贷款贴息支持,为国有企业卸包袱，通过财政转移支付的方式给予资金支持等。同时，国家振兴东北老工业基地的政策已经出台，这为我们在自力更生的基础上，争取和利用好国家政策，为加快发展接续产业增加推动力提供了良好机遇。二是盘锦靠自己的努力，搭上了"五点一线"的末班车，为盘锦实施沿海开放提供了有利的政策保证。三是国务院确定盘锦为资源转型城市试点区，从政策和资金两方面对盘锦的转型工作提供保障。从中央到地方"三位一体"的制度保障，减少了盘锦制度变迁的成本，必将有力地推动盘锦的沿海开放政策。

振兴东北老工业基地政策、辽宁的"五点一线"政策、国务院扶持资源城市转型的政策都从外部对盘锦的转型注入动力。同时，辽宁其他城市经济的快速发展对盘锦的经济转型产生了示范效应和学习效应，从而对盘锦施加压力，激励其实现经济转型。

(四) 盘锦资源型城市竞争分析

随着我国全面建设更高水平的小康社会的到来，我国政府发展经济的指导思想，也将从过去单纯注重经济总量扩大，转向注重居民生活质量的提高、人的全面发展和可持续发展的实现。这种背景下，各地区都将继续把发展经济放在全部工作的首位，并为积极赢得在竞争中的主动地位，而在提供优良的投资环境、商业环境等方面展开角逐，这些无疑对盘锦市的发展提出严峻挑战。

对于盘锦市而言，盘锦市自身正处于发展接续产业的关键时期。外部

第十二章 资源型城市转型路径分析——以盘锦市为例

环境的机会大于威胁，内部的优势大于劣势。为了谋求全市新的经济增长点，盘锦的接续产业发展战略选择方案应该是大力发挥自身的优势（区位优势、资源优势、资金优势、生态优势），积极利用外部环境的机会（新技术革命和全球产业结构调整、全球经济一体化、国家决定对东北老工业基地进行调整改造），克服弱点，规避威胁，及早建立自己的接续产业，在未来的经济发展中赢得主动。

七、石油资源型城市经济转型的通用模式及方法

（一）我国石油城市的类型特点

我国石油城市是在高度计划经济体制特殊的历史背景下形成的。20世纪50年代制定"赶超战略"，即以"重工业优先增长"为特征的发展战略，石油城市与其他资源型城市一样，大多是按照一厂一市的苏联模式发展起来的。在大规模推进工业化的进程中，为满足国民经济高速发展对石油资源的需求，在石油资源勘探开发中采取了超常规、超速度的"大规模会战"形式，即在短期内迅速集中大量的人力、物力、财力于矿区，形成了石油勘探开发及生产基地，并在此基础上，大庆、东营、盘锦、濮阳、黔江、克拉玛依等一批石油城市兴起并逐步走向成熟。因此，这些石油城市的开发都具有突发性，城市的形成并没有经过一个漫长的经济积累、准备阶段，而是有一个突发的启动模式。城市的形成不是区域经济发展的产物，而是为了满足国家对资源的需求而设立的。城市形成具有突发性，这

是石油城市与一般自然形成的城市的主要区别。在规模经济的作用下，石油城市的发展是极其迅速的，少则几年多则几十年。如大庆1960年开矿，1980年设市。盘锦1970年开矿，1984年6月设市。这种快速的经济增长方式在短期内对一定区域的社会、经济发展很大，但长期来说，这种超常规的发展方式会对这个地区的经济、社会和政府的构建有不利影响。使城市经济结构严重失调，企业壮大导致政府功能弱小。经济的迅猛发展、人口的急剧增长，加上城市建设之初受"先生产后生活"思路的影响，城市建设缺乏事先规划和设计，导致市政建设整体水平不高、重复建设现象严重。对本就不丰的政府财力、物力造成大量浪费，这与城市转型中需要政府与社会各界提供大量资金构成了深刻矛盾。

我国石油城市的产业结构是计划配置资源的产物。从形式上看，我国石油是上下游一体化经营，这种一体化经营是在高度集中的计划体制下进行的。物资由国家调拨，产品由国家统购统销，资金由国家统收统支。一体化经营只有一体化之形，而无经营之实。因此，由于早期计划经济体制的原因，石油城市基本只注重油气资源的开采业，下游产业的比重普遍较小，使整个城市的产业结构失衡，大都走上追求油气产量扩张的道路。这种严重失调的产业结构为石油城市向市场经济转轨时埋下了重大隐患，导致城市日后转型的困难。只有了解了石油城市的特殊性，才能理解石油城市的产业制度安排、政府职能的缺陷等一系列问题。我国的石油城市虽有许多不同之处，但也有着很多共同的特点。

第十二章 资源型城市转型路径分析——以盘锦市为例

1. 城市经济结构单一。石油城市在建设之初,就秉承"先生产,后生活"的指导思想。因此,不论是城市的空间布局,还是能源动力、道路交通、邮电通信、环境卫生等基础设施建设和住宅、学校、医院等配套设施建设,都是以石油开发和服务油田为核心的。石油城市与石油产业、石油企业存在着互为依托、兴衰与共的密切关系。石油产业是支撑城市经济发展的主导力量,是城市经济实体的主要表现,是城市、产值、就业、财政收入的主要创造者。石油产业的发展变化直接影响着甚至掌握着整个城市经济的运行,对城市的兴衰具有决定性的作用,在城市发展中占有举足轻重的地位。

绝大多数石油城市都存在着产业结构失衡的问题。经济结构有三个明显特征:一是产业结构单一,产业链与石油关联度高;二是大重工业小轻工业;三是国有经济占主导地位,民营经济薄弱。石油和天然气"一柱擎天",一、二、三产业结构极不合理。第一产业在国内生产总值中的比重远低于全国27%的平均水平。第三产业更加薄弱,且多以初级的零售商业、餐饮服务为主,行业档次不高,为生产、生活服务的功能不强。第一、第三产业之和一般不超过国内生产总值的30%。这样的产业结构导致石油城市经济结构的单一性、畸形性,不利于全市经济效益的提高,必然会导致经济运行稳定性差,成为阻碍石油城市发展的一大瓶颈。一旦石油和天然气资源递减到一定程度,而新的替代产业还没形成规模,经济问题和社会问题都会相继出现,城市会面临油尽城衰,会给城市居民的生活带来很大的威胁。石油城市的转型实质就是产业结构的转型，即培养新型产业使城市的产业结构趋向均衡，才能彻底改变城市的性质。同样，产业结构的调整也需要城市政府主导。

2. 城市公共服务两套体系并存。石油城市发展的初期，基本上都是采用政企合一的管理体制，即石油企业的领导兼任城市的党政领导，城市的基础设施一般都由企业负责建设与管理，企业与城市之间是同一个利益主体。随着油田企业的发展、人口的增加，城市提供的公共产品已经不能满足资源开采与加工企业发展的需要，企业自身形成了庞大的自我服务体系，即企业同时也办起来一系列社会服务性机构，形成一个"小社会"。同时，随着人口的增加，城市在不断扩展，在原有基础上又划入了一些县由城市管理，城市的职能逐步健全，城市与企业逐步分离，城市党政领导不再由大型企业领导兼任，但大型企业主要领导进入了市委常委。

因而，石油城市在形成初期通常派生出两个城市功能主体，一是以市政地方为主体经济社会运行的城市功能圈；二是以大中型企业为主体经济社会运行的城市功能圈。地方与大中型企业各据一方，企业对地方的城市功能圈产生排斥。一般来讲，"大企业、小政府"的现象持续的时间都比较长，企业和政府同时管理着城市，早期往往企业的作用比城市的作用还要大，甚至在很多方面代替了城市的功能。有的城市还存在着高度依赖企业的问题，多年来都是企业供水供电，提供无偿服务，短时间内，城市很难摆脱对企业的依赖。由于长期以来，企业的社会功能过大，城市的功能

第十二章 资源型城市转型路径分析——以盘锦市为例

不足,是造成城市政府职能缺位和政府能力缺失严重的深层体制性原因。这既影响了企业的更大发展,也束缚了城市功能的发挥,两者功能的趋同是一把双刃剑,对企业和城市的发展都不利,为石油城市日后的成功转型增加了困难。因此,石油城市转型过程中迫切需要彻底理顺政企关系、重塑城市政府,建立起一支有能力、高效率、服务于城市,真正建设与提供生产与生活服务这些功能逐渐由城市政府提供。盘锦市这几年在这些方面,改革的力度很大。油田逐步剥离附属企业,目前,原来属于油田的全部的附属企业,大部分的学校、医院、公安局等单位已经归为城市政府的管理范围内。油田企业的改革还在继续深入,企业与城市的关系在逐步走向正常化,但市政长期积累的问题一时之间很难完全解决。

3. 环境治理的历史遗留问题严重。生态建设与环境保护问题是所有城市面临的共同问题,而环境问题在石油城市中尤其严重。石油城市在资源的开发和利用过程中,由于长期实行粗放型经济增长方式,走的是以浪费资源和牺牲环境为代价的发展道路,致使城市的环境质量逐年下降,生态效益、环境效益与经济效益矛盾突出。如何协调这些矛盾是资源型城市可持续发展要解决的一个重要课题。如不合理解决,继续对资源过度开发和不合理利用,将造成巨大的资源代价和环境代价,加速城市衰退,最终使城市陷入发展的困境,祸及子孙后代的利益。因此,石油城市在转型过程中尤其要重视对环境问题的治理。这不仅关系到城市的可持续发展,而且关系到城市的宜居条件。城市政府在这方面应积极引导和督促石油企业最大限度地减少污染物的排放，同时重点加强对污染源的综合治理，使城市能够更多地吸引国内外一切可用资源参与城市转型工作。

盘锦地处辽河下游平原，市区内有辽河支流横贯而过，还有大辽河、浑河、大凌河等河渠纵横环抱，有"九河下稍"之称，辽河及其支流在这里汇入渤海，构成了城市独特的生态环境。然而随着城市石油开采、石油加工、化学工业的发展，城市环境受到严重污染。市域内污染最严重的是地表水，由于石油类氨氮等污染物的排放，过去盛产鱼类、螃蟹的双台子河、螃蟹沟水产已绝迹，盘锦近河海域的某些海产品，由于污染上石油而不能食用。因此，积极保护环境、治理城市污染已成为盘锦可持续发展的重要环节。

(二) 资源型城市经济转型的通用模式

1. 优势延伸模式。所谓优势延伸，是指在资源开发基础上形成的产业体系在区域甚至全国占有重要地位，不但是地区经济发展的支柱产业，而且还具有主导产业的性质。这类城市的突出特点是资源量较丰富，开采成本低，经济效益好，转型面临的问题少。通过充分发挥现有优势，将资源优势转化为经济优势，使现有的产业优势转化为地区经济发展的优势。优势延伸模式适用于处于成熟期的资源型城市，充分利用资源开采业前向关联效应大的特点，在资源开发基础上，发展下游工业，建立起资源加工利用的产业群。优势延伸模式强调同一产业链中上游采掘业与下游加工业的协同关系，重点发展加工业主导产业。其优点是在转型的初期能够充分发

第十二章 资源型城市转型路径分析——以盘锦市为例

挥本地的资源优势，同时上下游产业在生产、管理和技术方面具有明显的相关性，实施转型的难度较小。随着下游产业的不断发展壮大，其竞争能力和自我发展能力将逐渐增强，将来即使本地资源逐渐枯竭，也可以从外部输入资源进行，维持该城市或地区的持久繁荣。随着产业链的延伸，下游企业和配套服务企业的数量不断增长，大量生产经营相关联的企业在一定空间内的聚集所带来的专业化生产，低运输成本、便捷的沟通和配套服务将导致聚集经济。资源型城市将产业链变成价值链，具有竞争优势，整个城市经济也将因此获得竞争优势。

采取此种模式的资源型城市又可分为以下类型。第一，传统产业链向后延伸的高加工度型。由于历史原因，资源型城市的主导产业通常都是结构单一的原材料工业。根据工业化进程中的结构演变规律，沿着传统的原材料工业产业链条向后延伸，可形成加工、组装工业；初级加工业还可通过"技术集约化"过程向精密加工和深加工发展，最终形成以技术密集型加工业为重心的高加工度产业模式。随着产业链的纵向延伸，下游企业和配套企业数量不断增长，大量生产经营相关联产品的企业在一定空间的聚集形成专业化生产、低成本运输和低交易费用，最终形成一定范围的产业集群。对资源型城市转型后的主导产业选择可有两种安排：一是从资源采掘到轻工业的主导产业选择。城市做强做大轻工业的有利因素很多，如，工业基础雄厚，拥有相对廉价的原材料和能源优势。同时，轻工业项目投资较少，产品品种多，既可以是大型的工厂化生产，也可以是小型的家庭化生产,便于城市富余人员的安置。二是从资源采掘到重化工业的主导产业选择。我国目前还处于工业化中期,发展重化工业仍是经济发展的重心和不可缺少的产业环节。第二,传统产业链向前延伸的"绿色农业"型。许多资源型城市在完成矿物采掘后,遗留有大量土地资源。根据当地自然资源条件,发展高效绿色农业和种植、养殖业,既复垦利用这些土地资源,又起到经济转型早、投资少的效果。对林业城市,可在整个林区处于蓄养恢复阶段时,向生态型产业经济模式转换,发展林区养殖、药材种植、森林旅游等绿色产业。具体实施中要遵循以下两个准则:即延伸产业与资源型城市的优势资源相关性准则和延伸产业的高级化准则。

2. 优势组合模式。优势组合是指资源型城市除具备资源优势外,还具有适度的产业优势或区位优势。这类资源型城市交通便利、基础设施完善、综合实力强、接续产业已有一定基础。通过综合开发利用以上优势,可实现主导产业结构的多元化。优势组合模式适用于依托条件好的资源型城市,随着资源加工产业群的建立和发展,企业间的技术外溢和乘数效应日益加强,为发展其他产业创造了条件。优势组合模式强调不同产业群(包括主导产业间及主导产业与关联产业间)的协同关系。此种模式包括以下类型:第一,高起点创新型。对地理位置和产业基础都较优越的资源型城市,经济转型要走资源产业与非资源产业并重的发展之路,在产业布局上注重转型与发展高新技术产业兼顾共进,坚持高起点转型。一方面坚持用高新技术对有色金属、钢铁、煤炭、石化等传统产业进行改造;另一

第十二章 资源型城市转型路径分析——以盘锦市为例

方面大力扶持发展具有地方特色的高新技术产业，带动城市经济发展不断跃上新的台阶。通过充分发掘国内外重大技术创新所带来的投资机会，进行产业升级和产业替代。第二，多增长点共荣型。多增长点是指资源型城市经济发展不再是单一或单线的，而是复线或混合的。就是在产业结构演化中，无论是三次产业增长对经济增长率的贡献率，还是产业内或部门间的发展，虽然在不同时期各有侧重，但绝不是单兵突进，而是并重或混合进行，从而彻底打破资源型城市单一的产业结构。如，在转型的某个阶段，确定重点发展资本密集型产业的同时，适度发展劳动密集型产业。因为随着中间产品和资本品的生产，传统服务业等第三产业的需求也扩大了，对吸纳就业和繁荣经济将起重要作用。

3. 优势互补模式。优势互补是指资源型城市自身条件虽不理想，但转型可纳入周边大中城市构成的城市圈中，通过区域经济合作与经济一体化发展配套产业，利用相对优越的外部环境，选择与周围城市和区域经济发展相适应并能产生经济互补优势的产业发展。这种模式的好处是较好地解决了区域分工与协作问题，最大限度地减少经济转型成本，避免出现区域产业趋同现象。优势互补模式适用于依托条件相对较差的资源型城市及处于成长期的资源型城市。该模式强调经济转型与区域经济之间的协同关系。

4. 优势再造模式。在原有资源优势基础上建立起来的产业体系，由于结构比较单一，受资源供应的影响会表现出活力丧失甚至衰退的迹象。所以，这类地区必须走产业更新的道路来实现转型。所谓优势再造，是指随着自身优势资源的衰退，在国家政策扶持下，从生态条件、区位条件、技术条件等各方面重新认识和确立新的优势。此模式主要应用于资源趋于枯竭的城市，这些地区由于多年开发，后续资源接替不上，原有的优势正逐渐消失。此模式是最彻底的产业转型模式。利用资源开发所积累的资金、技术、人才以及国家的资金和政策支持，建立起基本不依赖原有资源的全新产业群，把原来从事资源开发的人员转移到新产业上来。优势再造模式对产业的选择要遵循两个原则：一是产业的高级化原则，要求替代产业具有较高的科技含量，能代表产业发展的未来方向，从而能在未来竞争中占有一席之地，不至于很快被产业发展及技术革命所淘汰。二是产业的辐射准则，要求替代产业能够真正起到主导产业的功能，具有前向推动、后向拉动作用。

（三）国外石油资源型城市转型模式借鉴

国外模式主要是借鉴欧美、苏联石油城市成功转型的经验、教训，从城市政府对城市转型的作用角度，把石油城市转型概括成三种模式，分别是政府主导下的市场运作，政府主导型，自由放任型。

1. 政府主导下的市场运作。美国休斯敦是油城走向持续繁荣的典型模式之一。休斯敦原是农牧区村镇。1901年得克萨斯油田开发后，城市随之兴起和发展。在20世纪20年代末，美国各大石油公司总部迁移至此，形成了美国南部最重要的城市。在60年代以后，石油开采业开始整体下滑

第十二章 资源型城市转型路径分析——以盘锦市为例

时,休斯敦按产业链的延伸和拓展,加速了石油科技和技术开发,油气资源产业群也逐步形成并日趋完善,同时相应带动了为其服务的机械、水泥、电力、钢铁、造纸、粮食、交通运输和通讯等多种产业的发展。休斯敦的宇航中心带动了为它服务的1300多家高级技术企业,从而使休斯敦成为全美人口增长最快的城市,城市性质也发生了根本变化。休斯敦的模式是按照"发展主导产业—带动相关产业—完善基础产业"顺序展开的。休斯敦的转型,虽是市场选择的结果,但国家政府还是采取了一些政策。只是不起主导作用而已。所采取的措施,大致有以下几条。一是建立预警系统。预警系统是指提前公布公司的计划,给公司、地方政府、工人及其家庭留出足够的时间来逐步有序地关闭工厂或是放弃一个矿区城市。二是紧急经济援助、再培训及搬迁。利用财政支持和社会福利保障而采取的紧急救援可持续半年到一年,帮助工人渡过最初难关,直到找到工作为止。通过再培训和搬迁使工人渡过暂时困难。三是建立社区赔偿基金和专项保险机制。由政府、公司、工会组织注入社区基金,作为危机时期的补救来源。同时建立一个社区委员会负责审查并发放资助。

2. 政府主导型。欧洲由于工业化进程较早,自然资源大规模开发的历史长、程度深,生产成本高。欧盟国家资源型城市的特点是:政府在城市转型过程中发挥主导作用。为解决落后的资源型地区的产业转型,政府成立专门委员会和其他组织,利用专家学者以及社会各个方面的支持和配合,制定全面转型战略。通过政府各部门、社会各界的通力合作,调整产业结构，制定了一系列的措施，促进地区产业进步和经济发展，最终实现区域经济的腾飞。例如法、德两国在处理资源型城市产业转型的问题上主要使用国家直接领导，利用市场机制，调节产业结构，促使产业升级的办法。这种措施易于得到企业及社会各界的配合。两地也都成立了专门的转型机构，制定了全面的转型战略，由产业援助转向发展符合本地区情况的替代产业。为配合发展替代产业还有一系列的辅助措施，并投入重资支持产业转型。如用高技术改造矿业产业，发展新兴的替代产业，改善投资环境，招商引资，通过职业培训和个人创业等方式帮助工人再就业等措施。通过这些积极的手段，调整了地区的产业结构，增强了地区的发展后劲，最大可能地降低了社会的动荡。

3. 自由放任型。石油城市走向衰败的教训方面，苏联的巴库油田就是这方面的代表。巴库油田开发于19世纪下半叶，累计原油探明储量为15亿吨，20世纪初成为外高加索重要的经济中心和全苏的石油基地。20世纪50年代后，由于储量日益枯竭，产量急转直下，其地位一落千丈，到了80年代，其比重已不足2%。虽然在长期的石油开发过程中也建立起一定规模的油气资源产业群，但由于产业结构过于单一，仅以上游、下游产业为主线而进行了有限度的扩展、衍生，构成石油资源产业的关联产业未得到相应发展，产业结构很不合理。因而，随着石油开采业的不断萎缩，巴库的石油加工业也开始衰退，城市的社会经济发展速度大大减缓，其城市地位不断下降，现在，整个城市社会经济处于缓慢增长的停滞状态。

第十二章 资源型城市转型路径分析——以盘锦市为例

（四）国外模式的总结及对我国的启示

世界各国由于国情各异，在对待石油城市发展问题上采取的做法也不尽相同。美国、加拿大、澳大利亚等国的特点是幅员辽阔、矿藏丰富、人口稀少，城市一般规模较小，只有几千人到几万人，人口流动性大，因而转型难度较小。美、加、澳三国的矿业企业绝大多数是私人企业，政府主要通过财政和金融手段对经济进行控制，很少直接干预企业经营。因此在处理矿业城市产业转型的问题上，转型主要由企业自主决定何时进入，何时退出，如何退出。政府主要解决企业迁移后留下的人员安置问题。由于美、加、澳都是移民国家，人们对于迁移习以为常，绝大部分的居民都能顺利迁移到适合发展的城市。美国除了像休斯敦代表的城市成功转型外，很多小城镇的典型做法是"矿竭人去""人去城衰"。在美国有上百座因资源开发殆尽而人去城空的所谓"鬼城"，可以概括为市场选择为主导的模式。因此，美、加、澳的矿业城市就出现了两种截然相反的前途：一种是如美国西部由于资源开发殆尽、人去城空而形成的"鬼城"，另一种就是类似休斯敦的综合型城市。这都是市场自由选择的结果。这与其资源丰富、地广人稀的自然环境有关。同时由于其矿业产业完全依赖于市场经济，矿业产业自发转型也实施较早，因而困难较小。

欧盟的转型是政府主导的转型模式。这与其地域狭小、人口稠密有关，没有足够的国土及矿产接续资源消化转型的产业和人员，加上转型都是在资源接近枯竭或者为其他能源所替代的情况下进行的。一方面，矿业城市不能放弃；另一方面，矿业城市靠自身、靠市场来调节，城市只能枯萎，不太可能实现成功转型。因此，欧盟采取了政府主导的转型模式。苏联是自由放任的模式，因为几乎没有采取什么转型措施，在计划经济体制下，如果政府不参与转型，资源型城市只能停滞发展。

无论是政府主导型模式还是市场主导型模式，石油城市的转型实际上是石油产业的转型。而石油产业转型的途径无非是两大类，一类是围绕着石油产业，做其产业链的后侧和旁侧延伸。可以发展以石油为中心的石化等产业，增加产品的科技含量，提高产品的附加值。还有一种发展利用石油做原料或燃料的旁侧产业，如火力发电、金属冶炼等。另一种是撇开石油产业，从城市整体发展目标出发，因地制宜，投资兴办新的企业，这类企业与资源没多大关系。从国外石油城市转型的模式来看，我国石油城市的类型和欧盟国家有类似的地方。城市人口规模普遍较大，没有地方可以吸纳众多的石油城市移民，放弃石油城市的做法会给国家、社会带来巨大的冲击和压力，是不可取的下策。因此，我国的实际国情决定了城市产业转型的重要性。而产业转型是一个比较漫长的过程，是一个战略选择，需要政府和企业互动，包括一系列战略决策、战略措施的实施过程。国外某些石油资源城市能够持续发展的规律之一是这些城市产业转型一般都经历了很长的过程，休斯敦等城市都经历了20—30年时间才完成。城市石油资源萎缩前夕，政府就未雨绸缪，高度重视，并及时成立规划组织机构，制定改造振兴的总体战略规划，有计划、按步骤地开展产业转型与产业结构调整工作。因此，根据我国的实际国情以及国外的转型经验，决定了我国石油城市的转型必然要走政府主导型模式的路径。

第十二章　资源型城市转型路径分析——以盘锦市为例

（五）资源型城市经济转型的通用原则

1. 坚持"一市一策"的原则。资源型城市产业转型应从各地实际出发，充分发挥各自的比较优势，不能搞统一模式，须"一市一策"。对于主导产业已具相当规模和竞争力的城市，应在资源尚未枯竭时积极延伸产业链。对于现有资源枯竭，但尚有其他资源开发潜力的资源型城市，可通过新矿源来培育新的经济增长点。对于资源临近枯竭但有良好的生态环境和自然景观条件的资源型城市，可通过发展现代农业和旅游业来促进经济发展。对于资源枯竭、无后续资源、又不具备区域优势和环境优势的资源型城市则可考虑撤销其建制。

2. 坚持比较优势原则。通常，一个地区的自然资源禀赋、劳动力构成、原有产业基础、自然地理环境、文化历史等都可以构成其比较优势。资源型城市在进行产业转型时就要充分考虑这些因素，充分利用现有基础，发挥现有优势，又不失前瞻性，以最小的转型成本实现最大的效益，培育新的主导产业。

3. 遵循经济规律原则。资源型城市产业转型的全部活动都要服从市场经济规律的要求，应以市场为导向，充分发挥市场在资源配置过程中的基础性作用，从市场需求变化中寻找新的增长点。

4. 坚持"内力"和"外力"相结合的原则。在产业转型过程中，国家要"出力"，资源型城市要"借力"，重新形成自身的"造血"功能，将国家的"外力"与资源型城市自身的"内力"有机结合起来，形成合力，共同促进资源型城市的转型。

（六）盘锦市产业延伸及组合发展

1. 盘锦市接续产业发展战略目标。盘锦市实现持续发展必须有既定的战略目标，盘锦市发展接续产业战略目标确定为：利用10年左右的时间，通过培育壮大接续产业，基本改变依靠资源开采单一支撑区域经济的局限，初步形成多元产业支撑格局，构筑起具有较强竞争力的开放型经济体系，区域经济实力显著增强，实现"一个突破、四个形成"。然后，在此基础上，继续发展。

"一个突破"：突破油气开采单一支撑经济的格局，形成多元支柱产业。通过发展接续产业，提高油气采掘业之外的"非油"产业在经济总量中的比重。利用10年左右时间，基本形成石化产业、以汽车零配件为重点的机械制造业、塑料与新型建材业、绿色有机食品业、现代服务业等新的支柱产业。

"四个形成"：形成多种经济成分竞相发展的经济结构。大力发展非公有制经济，利用10年左右的时间，使非公有制经济占经济总量的比重达到50%—60%。形成市场经济运行体系下的优良投资环境。建成基础设施比较完善、城市功能比较齐全、生态环境比较优美、市场经济体系比较健全、运行机制比较顺畅的环境体系。形成全面开放格局。建成依靠招商引资、国际贸易、国际工程承包、劳务输出支撑经济发展的外向型经济体系，形成全方位、多层次、宽领域的对外开放格局。形成完备的社保体系和有效的就业支持体系。实现城镇职工基本养老保险、基本医疗保险、失业保险依法全覆盖，推进农村社会保障制度建设。形成有利于扩大就业的

第十二章 资源型城市转型路径分析——以盘锦市为例

体制环境和经济增长模式,实现比较充分的就业,使城乡人民收入与经济同步增长,群众精神文化生活充实丰富。

面对石油资源新探明储量递减和油田后开采期的到来,面对步入现代化建设新时期面临的国内外形势,盘锦市要依托现有资源与产业,在尽量延长油气资源开采期,保持其全国能源基地地位的前提下,努力应用高新技术武装石化产业(包括炼油、乙烯、化肥、塑料及其制品、精细化工等行业),使之成为全国名列前茅的石化基地;东北地区优质农副水产品生产、加工和出口基地;环渤海经济带城市群中重要的增长极;辽河三角洲生态资源保护区和生态环境示范区。

2. 持续产业发展的具体措施。首先要提升产业技术层次。盘锦市除了石油化工和石油开采业属于资金密集型产业并具有较高技术要求外,其他大都是劳动密集型的一般加工业(如食品加工业等),而技术含量高的产业(如电子通信设备制造业、电气机械业等)的竞争力普遍比较低。同时,对于处于同一产业链上的不同产业,一般也是处于产业链上游的开采加工型产业的竞争力比较高,而产业链下游随着技术含量的不断增加,其竞争力却不断下降。在不同的工业化阶段,优势产业往往会产生有规律的更替。从发达国家及地区工业化过程来看,工业化可分为如下四个阶段。早期工业化阶段(轻工业为主)、重工业化阶段(重化工业为主)、高加工度化阶段(深加工业为主)和技术知识密集化阶段(高科技和信息产业为主)。随着盘锦市产业技术层次的提高,其工业化进程会逐步加快,如具有明显的经济竞争优势化工产业作为资金密集型产业并具有较高的技术要求，化工产业在得到充分发展以后，产业优势一般要向高加工化方向过渡。熊彼特的"创新理论"指出，当一个产业部门发生了技术创新，就会在产业技术链和产业部门链中引起连锁反应。率先进行创新的主导产业部门，通过这种连锁反应，促使其相邻的产业部门也增加投入或提高技术效率，从而扩张产业技术网或增加新的产业技术链，产业技术体系的扩展，会引起周围的要素发生一系列变化，如需要增加资本和劳动力的供应，需要增加服务业和建筑业等。这说明，主导产业部门的技术创新，不仅延长了产业技术链，而且对其他生产要素供给方面也具有刺激效应。这种刺激效应，通过产业技术链，传递到各个新的产业部门，从而扩张了产业技术网。总之，随着产业技术层次的再造，会带动工业对技术服务需求，从而拉动生产性服务业发展。

其次要扩大企业规模。规模大的企业对生产性服务业的拉动作用更强。盘锦市大企业、大集团少，规模以上企业数量不多。如 2005 年年底，盘锦市共有工业企业 9740 户，其中省直企业 4 户，市直企业 17 户，市及市以下 9736 户，2005 年全省 10 强企业盘锦市仅有 4 个，分别为：中国石油天然气股份有限公司辽河油田分公司、辽河石油勘探局、辽宁华锦化工（集团）有限责任公司、盘锦北方沥青股份有限公司。产业配套能力也比较弱。盘锦市虽然形成了石化、新型建材、农产品加工等的支柱产业，但优势产业、产品链尚未完善，重点骨干企业未能与中小企业形成紧密的合作关系，产业关联度低、产业链条短、主导产品竞争力不强、龙头企业带动辐射作用不突出。

第十二章 资源型城市转型路径分析——以盘锦市为例

3. 盘锦市产业优势延伸发展

稳定油气采掘业。从目前看,油气资源仍然是盘锦市和油田赖以生存和发展的基础,今后一段时间内,油气开采仍将是油地经济发展的主导产业,在其他产业尚未真正形成规模以前,其主体地位无法改变。这客观上要求油田千方百计地维持油气产量,克服困难,运用科技手段,加大开发力度,尽可能减缓油气资源递减的速度,延长资源开发的生命周期,为大力发展接续产业提供充裕的时间。

从油田看,经过30年发展,积累了雄厚的技术优势和丰富的开发经验。一是在稳定油气开发和提高采收率工艺技术方面,具有国内、国际先进水平;二是作为"油藏大观园",油田在油藏特别是稠油、高凝油和低渗透油藏的开发技术上,掌握了一套独特的开发生产技术;三是辽河油田通过浅海勘探开发,积累了一定的海洋油气资源的开发技术。这三方面的技术优势和宝贵经验,以及作为全国第三大油田的实力,完全可以在盘锦市地方政府的政策支持之下,适时进行技术扩散,实现战略转移,面向新的陆地、海洋,面向国际开展油气勘探开发的竞争。

据预测,"十一五"期间油气产量不会骤然下跌,随着勘探技术的提高,还可能继续稳产一段时间,因为当前,我国的资源利用率为30%,比世界平均水平低20个百分点。辽河油田在已探明的地质储量中,综合采出程度(即通常所说的采收率)仅为17.7%。如果将采收程度提高1个百分点,在已探明的地质储量中,即可多采出近2000万吨原油,可见其潜力之大。要通过采用现代化先进技术,提高采出程度,同时,通过拓展包括浅海油田、外围油田等在内的油气勘探，增加后备储量，努力延长油气相对稳产期和在较高产量基础上的开采期，为发展接续产业赢得更多的时间。为此，要按照"深化盆地、开发海洋、突破外围、准备新区"的总体方针，继续加大油气勘探开发力度。深化老区精细油藏描述，增加经济可采储量，加强综合治理，不断提高老区开发水平。强化未动用储量评价和研究工作，择优采用试油、试采和井位部署方案，使未动用储量得到有效利用。加快稠油开采转蒸汽驱及非混相驱等先进工艺技术的试验与应用，通过采用先进技术，降低开采成本，增加探明可采储量，提高采收率。加快浅海油田开发步伐，组织好低产井、低效井、复杂措施井、低产高成本区块及外围难采储量区块的合作开发，努力延长油气相对稳产期，为发展接续产业赢得时间。实施油田矿区油改煤供热、供电、供蒸汽、供二氧化碳四联供工程，提高原油商品量比例。到 2010 年，原油产量稳定在 1020 万吨以上，天然气产量稳定在 7 亿立方米以上。

发展石化产业。盘锦要把辽河油田作为发展接续产业的一个主战场。支持油田企业扩大合资合作，承接国际产业转移，以项目为载体，加快产业多元化步伐。依靠油地联席会议的联合决策及其工作运行机制，积极推进油地项目合作，鼓励地方资本进入油田发展，支持油田资本进入地方企业，使油地融合成为加快发展接续产业的有效运作方式和强大动力。在继续支持辽河油田分公司努力稳定油气产量的同时，支持辽河石油勘探局发展油气加工及化工延伸业、石油机械及现代装备制造的配套产业。沿着炼油—石化—精细化工的方向，拉长资源加工的产业链条。把盘锦建成全国

第十二章 资源型城市转型路径分析——以盘锦市为例

重要的石油炼化基地、最大的化肥基地和重要塑料树脂、精细化工基地。把石化工业真正建设成为强有力的支撑产业。

一是形成超千万吨超稠油加工能力,逐步完成石化产业规模化和集约化,建设全国最大的沥青和环烷基润滑油生产基地。目前,盘锦石化产业发展最大的障碍是因原料不足,大部分石化企业无法满负荷生产,使石化企业不能形成规模效益,后续产业链条、产品链条因上游产品不足而难以为继。为此,争取上级部门及中石油的支持,使辽河油田超稠油资源全部用于本地区石化产业的发展,将盘锦打造成为千万吨级超稠油加工基地,是未来石化产业发展的重中之重。支持辽河石化分公司、北沥公司、昂由沥青公司、兴达石化公司、辽通化工公司扩产改造,积极争取利用国际、国内原油市场原料,扩大原油加工量。整合利用稠油资源,推行技术改造和组织结构调整,扩大沥青产量,增加沥青品种。不断推进北沥公司与瑞典尼纳斯公司的合资合作,新上大型环烷基润滑油生产装置。通过 100 万吨超稠油延迟焦化、60 万吨重交沥青扩建及 30 万吨环烷基润滑油、30 万吨道路沥青及 6 万吨改性沥青等重大项目的实施,建设全国最大的沥青生产基地和环烷基润滑油生产基地。到 2010 年,原油加工能力达到 1100 万吨,加工量达到 700 万吨,沥青产量达到 300 万吨,环烷基润滑油产量达到 80 万吨。

二是产业链条继续延伸,石化产业呈多元化发展。千万吨超稠油加工基地的建成将使上游石化产业形成一定规模,随之会带动下游产品的迅猛发展,盘锦未来可逐步形成和完善上下游产业相结合的石油化工-精细化工—高精尖终端产品产业链条。超稠油加工基地的建成还将激活一批因不能形成规模而中断的产业链条，依托资源优势，盘锦可以努力向下游产品及新兴领域开发延伸，形成品种多元化、优势产品系列化、产业布局合理化、炼油化工一体化的发展局面。具体发展目标包括建设全国重要的氮肥、复合肥和合成树脂生产基地，发展有机化工产品。要全力支持华锦集团合成氨自热式转化改造及 70 万吨复合肥项目、中润化工公司煤头改造及化肥扩产等项目，以扩大化肥产量，优化化肥品种，建设全国重要的氮肥和复合肥生产基地。到 2010 年，化肥产量达到 230 万吨，其中复合肥产量达到 120 万吨。要以华锦集团 40 万吨乙烯扩建、15 万吨 ABS 扩建、3 万吨三聚氰胺和中润集团 3 万吨三聚氰胺扩建等项目为重点，抓好技术改造，大力发展聚烯烃系列、ABS 和三聚氰胺延伸加工产品。到 2010 年，力争乙烯产量达到 80 万吨，合成树脂产量达到 120 万吨，其中聚烯烃系列产品产量达到 90 万吨，ABS 产量达到 20 万吨。

三是通过高新技术嫁接石化产业，发展高附加值的终端产品，完善精深加工体系。未来石化产业发展应是以市场为导向，以效益为中心，以科技为动力，利用高新技术发展新型材料与高附加值产品。依托资源优势，面向未来市场，重点发展纳米技术改性沥青、沥青基碳纤维、包装塑料、环保型塑料、化纤及高级日用化工制品等精深加工产品，将科技转化成生产力和经济效益，带动精细化工产业的崛起，不断增加石化产业未来发展的新亮点。重点发挥兴建助剂、奥马漆业、华联实业、辽海集团等骨干企业带动作用，抓好 3 万吨超高分子量聚丙烯酰胺、绿色环保乳胶漆、硅丙

第十二章 资源型城市转型路径分析——以盘锦市为例

乳液、纳米涂料、工业特种油漆等精细化工项目。以石油高新技术产业园区为载体，引进精细化工重点企业和相应资金、人才、技术，发展采油助剂、催化剂、添加剂、绝缘涂料剂、塑料助剂、水处理化学品、生物化学品、化妆品用原料、医药中间体、低毒高效农药等精细化工产品。支持中小民营企业引进、开发、生产精细化工产品和壮大生产规模。以华锦集团30万吨甲醇及20万吨二甲醚为依托，发展有机化工溶剂、燃料及其他各类下游产品。以中润化工公司20万吨甲醇等重大项目为龙头，发展甲醛、甲胺、二甲基甲酰胺等系列产品，壮大生产规模，延伸产业链条，形成上下游呼应的有机化工产业链。到2010年，甲醇产量达到62万吨，二甲醚产量达到20万吨，甲醛产量达到10万吨，甲胺产量达到5万吨，二甲基甲酰胺产量达到2万吨。

四是立足本市超稠油资源特点，实现重油轻质化的发展战略。鉴于多数高附加值产品集中在石化产业链条的中下游，重油轻质化的发展显得尤为重要。国内现在主要采用石脑油裂解等方法生产轻质油，技术成熟但成本较高。一些知名研究所正在开发直接利用渣油加工轻质油的工艺技术，该技术可大大降低轻质油的生产成本。

五是以骨干企业构筑石化产业的核心，带动民营经济大力发展。未来一段时间内，盘锦还应将中省直企业作为石化产业发展的主导力量。龙头企业的发展将使一大批民营企业获得商机，通过上游产业带动和辐射中下游产业，从而使较为分散、不成规模的民营企业呈集约化、规模化发展。同时，超稠油加工基地的建设可为全市招商引资工作加上一个重磅砝码，投资环境的显著改善将会聚集大量资金、技术和人才,一批合资合作的外向型民营企业也将得到飞速发展。

六是实施品牌战略,创立石化产业名牌产品,在市场竞争的环境中,树立品牌意识,培育和发展以禹王防水建材为代表的一批有规模、有市场、有名气、有效益的名牌产品,将资源优势最终转化为市场优势和效益优势。以这些品牌效益的扩大带动提高盘锦石化企业的知名度和信誉等级,通过不断提高名牌产品的技术档次,推进全市石化整体产业结构的不断优化和升级。

盘锦发展接续产业要立足实际,既要立足于发挥盘锦的比较优势,做大做强已有较强基础或一定基础的现有"非油"产业,又要打破资源型城市长期形成的资源导向型思维定式,站在全球经济一体化的大视角,把资源导向型转变为市场导向型思维方式,拓展接续产业发展的领域和空间,形成区域经济新的支撑点。接续产业发展的战略方向选择上,按照重塑战略模式,不排除按照市场需求,对原有产业特别是产品结构进行调整,但盘锦接续产业发展的主要任务应是培育、发展油气采掘业之外的新兴主导产业,尽快形成多元支撑的发展格局。

4. 盘锦市产业优势组合发展

一是培育、发展关联产业。盘锦市产业之间的关联效应差,行业分割已经严重影响了生产要素在相关产业间的流动,特别是在技术、人才等方面尤为突出。产业的关联效应差,不利于企业市场空间的拓展,势必要影响产业的专业化分工和对生产要素的综合利用能力,削弱其竞争力。相应

第十二章 资源型城市转型路径分析——以盘锦市为例

地制约企业的规模化、专业化发展。而生产性服务业的发展壮大恰恰依赖于基础产业的规模化、专业化发展。第四章实证研究也表明，规模较大的企业对生产性服务业的拉动作用更加明显。目前，除石化与塑料、新型建材间关联度相对密切外，其他产业间关联性较为缺乏，需要在产业结构调整过程中，优化产业关联。

积极培育发展汽车零配件产业。要充分发挥和深入挖掘地域优势和资源条件，努力引进日、韩、欧、美和国内发达地区的汽车零配件骨干生产企业，吸引国内外汽车零配件产业项目向盘锦市转移，高起点发展为国内大型整车企业配套的零配件和出口零配件基地。当前，重点发展常规金属零配件与塑料零配件、镁合金等新材料零配件、电子零配件、新型专利零配件等产品。要重点抓好8万吨/年汽车减振器、100万件镁合金压铸配件、排气管等发动机配件项目；做大做强钻采设备和机具制造业，这方面，要充分利用辽河油田的市场优势和加工制造基础优势，推进企业改组、改制和合资、合作，培育壮大一批生产钻采设备、机具的骨干企业和拳头产品，由依赖关联交易逐步转为依靠规模、技术优势站稳辽河油田内部市场，并不断扩大其他油田和出口市场份额。当前重点抓好辽河石油勘探局新型钻井机械、高低压阀门生产、新生橡塑机械厂400台复合平衡节能抽油机、博安石油机械制造公司5000台激光整筒抽油泵、华孚公司液体粘性离合器等项目的实施，支持长江龙集团石油特种机械、华力科技公司阀门仪表生产等项目的达产和扩建；发展环保设备制造业。以油田环保专用设备制造为重点，发展污水、污油和垃圾处理相关设备制造，建设油田环保专用设备生产基地。当前重点抓好盘锦华意环境公司与加拿大爱德摩环保集团合资项目，支持发展精细过滤器、高效油水分离器、离子软化器、含油污泥脱水机等产品。四要积极培育、发展其他制造业。围绕东北地区重大装备制造业振兴战略的实施，积极引进为重大装备制造企业配套的零部件项目，发展船舶零配件、塑料模具、建材模具、大型机电设备零配件等产品。

依托盘锦的现实基础和产业比较优势，把建材业做成强势产业。沥青生产，盘锦有得天独厚的优势。全国年产2万吨以上的沥青企业共41户，盘锦则占了7户。2005年，全国沥青产量722.8万吨，盘锦则为128.8万吨，占六分之一。防水卷材，盘锦市目前已具备4500万平方米左右的生产能力，是全国最大的，而2005年的产量仅达到1200万平方米左右。我们要通过资源整合，市场开拓，把盘锦建成全国最大的、具有盘锦独特优势的沥青生产基地、防水卷材生产基地。支持佳美公司、久和型材公司、辽河塑窗公司、市塑料厂等企业建设大型塑料管材、型材、板材、门窗生产项目，支持辽河油田置业公司5000吨塑料包装膜等各类塑料加工项目，建设应用于农业、工业、水利、建筑、包装、日常生活等领域的塑料产品加工基地。发挥原料便利的优势，在双台子区规划建设塑料工业园区，形成从原料改性到塑料制成品的完整产业链，延伸产业链条，壮大产业规模。支持禹王集团3000万平方米防水卷材装置的改造、达产和扩建，支持其他企业发展各类新型防水材料，建设全国重要的防水卷材生产基地。支持东跃钢结构彩板公司、辽河油田天兴公司等企业，扩大彩钢板、钢结构生产

第十二章 资源型城市转型路径分析——以盘锦市为例

规模,增加聚氨酯复合板等产品品种。支持辽河油田泰成公司 50 万吨高速线材、双龙集团 0.8 万吨不锈钢型材和 80 万平方米不锈钢门窗等建材生产项目,发展新型金属建材。支持各类企业依托资源条件,发展芦苇人造板、新型轻质墙体材料、新型建筑涂料等其他新型建材。到 2010 年,塑料与新型建材业增加值要达到 40 亿元,塑料制品产量达到 14 万吨,防水卷材产量达到 6400 万平方米,金属建材产量达到 60 万吨。

二是做大做强绿色、有机食品业。绿色有机食品业对盘锦来说,在资源条件、区位条件、在建的重大投资项目等方面与地区内其他产业相比具有潜在优势。盘锦要重点突出农产品绿色和有机特色,不断扩大绿色、有机产品比率,引进、培育、壮大农副产品加工龙头企业,推进农业产业化经营,提高农产品加工深度,把盘锦绿色、有机大米、强化营养米、有机河蟹、有机猪、有机乳制品、有机饮料、有机果蔬加工等绿色、有机食品工业做大做强,做成几个在国内外有影响的重要品牌。把盘锦建设成全国重要的绿色、有机食品基地。

发展六大绿色、有机食品。通过百万亩优质米生产加工、百万亩河蟹养殖加工、百万亩苇田种植、百万亩海水养殖加工、百万头有机猪养殖加工、百万只家禽养殖加工、日处理 500 吨强化营养大米、日处理 1000 吨乳制品加工等项目,做大做强绿色有机大米、河蟹、文蛤、果蔬、乳制品、猪及其他畜禽产品等六大绿色有机食品,发展农畜水产品精深加工,不断开发新品种,在全国市场打响盘锦绿色、有机食品品牌,到 2010 年,培育出 3 个以上全国驰名商标。抓好盘山酒业有限公司、盘锦华润啤酒公司等企业的改组、改造和扩产，扩大市场影响，壮大生产规模；发展壮大农业产业化龙头企业。培育、壮大鼎翔集团、利是集团、科尔沁乳业鹤乡公司、光合水产公司、每日集团等多个农产品生产加工龙头企业，不断提高其竞争力和带动作用。同时，扶持一批中小龙头企业发展壮大。到2010年，销售收入超亿元的龙头企业发展到20—25户，超5亿元的3户以上，争取有1户食品企业进入全国食品行业前50名；建设无公害、绿色有机食品生产加工示范基地。继续建设鼎祥（新生）、利是（太平）、西安、新屯等绿色有机米园区；高升、喜彬、高家、西三、大荒等绿色有机果蔬园区；石山绿色有机乳制品园区；西安、菲德维尔等有机猪园区；清水、古城子、沙岭、高升等无公害家禽园区；胡家无公害与有机河蟹园区；荣兴、二界沟、西安等有机、无公害虾贝与淡水鱼园区。在园区中，率先推行农业产业化经营，加快农业机械化步伐，健全农业社会化服务体系，优化生产布局，建设实施标准化种养殖、以龙头企业原料供应为主和面向国内外市场的优势农产品生产加工基地。不断强化园区示范带动作用，加快向周边地区推广、扩散，壮大生产经营规模。

到2010年，食品工业增加值达到45亿元，农业增加值达到70亿元，农产品加工率达到65%以上，农产品无公害率达到99%，绿色产品率达到35%，有机产品率达到25%。

5. 盘锦产业优势互补及再造

一是大力发展滨海产业，树立沿海城市形象。近海发展战略是现代沿海地区经济发展的普遍战略，因为沿海交通便利（便于原材料和制成品的

第十二章 资源型城市转型路径分析——以盘锦市为例

运输),政策开明,容易形成产业集聚。盘锦地处辽河入海口,与营口港、鲅鱼圈港相邻,并且目前正在与营口港合作修建新港,号称东北第一桥的辽河大桥也即将破土动工。得天独厚的区位优势便于盘锦加强与周边地区的合作,也有利于物资的扩散。

大力发展滨海旅游产业,树立沿海城市形象,旅游产业属于现代服务业。随着中国经济的发展,旅游已经成为一种大众消费,并且由于"攀比效应"和"示范效应",使其在某些区域形成庞大的产业体系。不仅增加了当地的收入,还能够提升当地的美誉度,对招商引资等产生正的外部效应。盘锦旅游资源丰富,但旅游产业的发展相对其他沿海城市如青岛、大连、威海等相去甚远,其中一个重要原因是,长期以来,盘锦一直被看作一个石油城市,其沿海地位被边缘化,滨海旅游资源没有得到充分利用。加快盘锦滨海旅游,使其成为城市的一张名片,对于拉动当地经济发展和树立沿海城市形象具有重要意义。打造亮丽的滨海形象。使世人真正了解盘锦是一个名副其实的沿海城市,对盘锦的沿海开放工作具有重大的推动作用。

加快发展旅游业。重点建设红海滩、苇海观鹤等景区和滨海休闲、苇海休闲基地,建设农业、湿地、油田、文化等生态旅游系统,推出以观赏特色自然风光为主的"新""奇""特"旅游线路,发展绿色生态和休闲观光旅游。不断完善旅游服务体系,开发生态特色旅游产品,延长游客驻留时间,形成集生态观赏、休闲度假、会议接待及娱乐消费于一体的旅游产业链,把盘锦建设为北国湿地休闲之都。

二是发展、提升现代服务业。重点是商品集散中心建设和带有盘锦特色的生态休闲旅游业和文化产业建设，提高服务业在经济总量中的比重和服务水平。这个产业主要是考虑产业关联和波及效应及对地区可持续发展的环境效应。即对地区其他产业具有较强的关联带动作用（如餐饮业、交通运输业等）、刺激新产业形成作用，有利于地区可持续发展，有利于地区环境保护、生态改善、资源再生；较少的产业关联外溢和对地区可持续发展有较大负面影响。根据国内外生产性服务业发展的基本走势，围绕经济结构调整，着眼于现有基础，在政府的大力支持下，盘锦市应着力建设和完善现代物流业、技术服务业、租赁和商务服务业、金融保险业、信息服务业等五个生产性服务体系，实施重点突破。

①现代物流业。盘锦市目前拥有规模企业10家，货运业务、外贸出口总量逐年增加，并且"重重轻轻"的产业结构特征明显，运输压力很大，物流业如不能同步发展，很可能成为制约盘锦市经济发展的瓶颈。当前，抓住辽宁省打造区域性物流中心的机遇，抓住这一机遇，我们要积极接受沈阳、大连等中心城市的辐射，通过加强交通运输网络体系、企业物流管理信息化和电子政务体系建设，以铁路、公路、港口为依托，在恒泰物流及原友谊物流中心的基础上，建成在全国有影响力的大米、河蟹、塑料、新型建材等4个专业化产品集散中心。打造公、铁、港口物流集聚区，培育一批上规模的物流龙头企业。

②租赁和商务服务业。完善租赁和商务服务发展的政策，努力创造公平、公正、公开的市场竞争环境。通过建设盘锦兴隆大家庭、裕华商厦、

第十二章 资源型城市转型路径分析——以盘锦市为例

新赛特购物广场、华商超市、会展中心、汽车城等项目,形成开放完备的商品市场体系,提升档次和规模,提高吞吐、辐射和服务能力。广泛扶植为"三农"服务的中介服务组织,重点发展会计、律师、审计咨询、工程咨询、科技咨询、法律咨询、市场调查、资产评估、社会公正、经济代理以及行业协会等各类服务机构。一方面,通过行业规范,改变目前中介服务"小、散、弱"的局面,提升整体服务能力,积极培育"土生土长"的优秀中介机构;另一方面,不断完善资金、产权、土地、劳动力和技术等要素市场体系。

③融资服务业。由于各银行受贷款审批权限的限制,中小企业融资难成为制约盘锦市工业经济发展的瓶颈。同时社会金融中介服务机构偏少,目前为止,全市成立了5家民营担保机构,盘锦市中小企业信用担保中心是唯一一家政府支持的担保机构,资本金都不高。今后一段时期,盘锦市应侧重发展证券、货币、保险、产权交易市场,开辟城乡保险市场;有步骤地设立产业投资基金、风险投资基金及高科技开发基金;完善金卡工程,发展电子货币、网上银行、消费信贷等新型金融服务业。

④信息服务业。重点建设辽河文化产业园,抓好辽河碑林等公益文化设施建设,发展文化产业经营,增加文化底蕴,提升城市形象。继续发展餐饮、交通运输等传统服务业以及与人民生活紧密相关的生活服务业和社区服务业,加快发展通讯、信息咨询、金融、中介、检验、检测、认证、农产品保鲜、包装、出口代理等为生产、生活服务的第三产业,提高第三产业的服务水平和吸纳就业的能力。鼓励专业机构建设 批面向中小企业

的信息服务平台，提高信息处理能力，普及商品管理、供应链管理、客户关系管理等信息管理技术，改造企业传统的业务流程，积极推进企业网与供应商、制造商的网络联结，发展网上采购、网上交易、网上购物和网上服务。同时，加强企业应用软件开发、数据服务、企业管理信息化等服务业务。

⑤技术服务业。盘锦市80%的大中型骨干企业建立了技术中心和技术研发机构，这些研发机构的建立为企业的后续发展奠定了一个扎实的基础。下一步，应鼓励行业骨干企业或行业协会建立各类研发机构、检测中心；应大力鼓励本地企业、产业与国内外科研院所、高等院校对接，以合资、合作的方式组建产、学、研一体化机构，形成具有竞争力的技术平台，从而带动本地技术服务业的发展。

6. 政府在产业转移中的作用

一是在发展方向上的作用。政府在选择接续产业发展方向上的作用，是指政府运用规划、财政、投资、行政管理等政策手段，选择和确定接续产业发展方向，组织培育和建设接续产业，并使之在市场中迅速发展壮大，形成竞争力，并带动地区关联产业得到发展。

政府在进行接续产业发展方向的选择时需要考虑以下几点。第一，基础性，即根据地区内的资源禀赋条件和市场分工的基础对所形成的现有产业进行筛选；第二，发展性，它应是扩张能力较强的部门，市场正处于扩张时期，或者有较大的市场争夺空间；第三，关联性，即对现有产业和基础条件能够产生前瞻性、回顾性和旁侧性效应。此外，选择的接续产业经

第十二章 资源型城市转型路径分析——以盘锦市为例

过发展壮大要能够成为地区支柱产业，符合国民经济整体利益，特别是地区可持续发展的要求。政府有意识对市场运行杂乱无章的结构加以理顺，对有希望的产业加以培育，对地区分工进行有效强化，不仅可以校正市场自发分工中形成的极化现象，也可以加速地区优势的培育，促进产业结构升级，更有效地利用地区资源，促进地区经济和整个国民经济的快速发展。

二是加快建设服务型政府。服务型政府主要是为盘锦的产业变革和滨海产业发展提供配套服务。在招商引资方面，坚持"五点一线"政策的前提下，采用适当的税收等经济杠杆，加强盘锦招商引资的优势，同时学习国内外先进经验，引进"一站式办公"等服务，为外商项目的进驻提供优质服务；在鼓励私营企业发展方面，由于盘锦私营企业起步晚，规模小，资金是制约其发展的主要瓶颈。盘锦政府可以利用当地丰富的资本，组建社区银行等专门为中小私营企业服务的机构，使大量民间资本转化为生产资本，实现共赢。在发展滨海旅游方面，盘锦政府在组织资本加强硬件建设的同时，应大力宣传城市形象，如组织旅游节、美食节、广告宣传等，让更多的人了解盘锦。在支持滨海高科技产业发展方面，盘锦政府可以加强和国内相关高校等科研部门的合作，引进高科技项目及相关人才，时机成熟时可以设立自己的科研机构，为高科技产业的发展提供良好土壤。总之，当地政府应在宏观上把握方向，微观上提供良好的服务，真正服务于滨海经济发展大局。

建立全面协调的组织体系和责任体系。从国内外的实践看，成立转型的专门领导机构是转型成功的一个重要保证。盘锦市要建立这样的机构，这不但有利于部门之间、地区之间的协调和配合，也有利于政策法规的贯彻、实施。这个机构，既要有一定的权利，又要承担相应的责任，其成员既能代表全局利益，又能同各方进行交流。机构成员还要包括各方面的专家，使其能够借鉴其他地区的转型经验，又能结合本地区的具体实际，提出切实可行的措施、方案。工作中，建立协调有效的工作运行机制，在长远规划指导下，逐年提出接续产业年度推进计划。及时分析接续产业发展的运行态势，解决发展中的突出问题，任务层层分解，责任逐级落实。油地携手，上下联动，统一协调，共同推进。只有这样，才能保证转型工作的顺利完成。

加强城乡基础设施建设，完善城市基础设施。强化经营城市理念，促进城市资源优化配置，多渠道筹措资金，加强城市基础设施建设，建立适应市场经济发展要求的运营管理模式。实施苇田湿地调水工程和大伙房水库调水工程。积极推进城市防洪二期工程、盘山闸扩建、海防堤工程、绕阳河和中小河流治理等工程建设，进一步提高抗旱防洪能力。搞好老城区改造和盘山新县城建设，高标准规划、高水平建设城市核心区。抓好农村公路网改造和城市环路交通工程，完善城市规划区道路主框架。推进畅通工程和绿化、美化、亮化、净化工程，营造优美城市环境。全面实施《盘锦市生态市建设规划纲要》，治理污染，加强环境保护，努力改善生态环境。

办好各级各类工业园区。强化各级各类园区的科学布局与统筹规划；加强土地资源管理与有效利用，调整土地利用规划，完善用地政策，合理

第十二章 资源型城市转型路径分析——以盘锦市为例

安排各类园区用地；完善园区基础设施建设，提高服务能力和管理水平，为招商引资和接续产业发展打造优良平台。在努力办好盘锦经济开发区的同时，积极推进盘山经济开发区、辽河三角洲工业园、辽滨开发区建设。市经济开发区石油高新技术产业园区重点发展高新技术项目和石化装备制造、汽车零配件、新型建材业；兴隆工业园重点发展石化、医药与环保产业；盘山经济开发区重点发展机械制造和各类轻工业、物流业；辽河三角洲工业园重点发展新材料、绿色有机食品和精细化工；辽滨开发区依托港口和营口市辐射，重点发展临港加工和贸易服务业。突出各个园区集聚相应产业的特色，优化产业布局，将建设各种功能区与承接发达国家、地区产业转移有机结合起来，推动形成带动各类接续产业快速发展的龙头区域。

加强投资软环境建设。产业转型需要大量资金，依靠本地区的自身积累和国家的财政投入是不现实的，吸引外来投资是捷径。外资进入不仅带来资金，还伴随着先进的技术和管理。而当前，应该说软环境的优劣越来越成为吸引投资的决定性因素，这包括廉洁高效的政府、良好的商业氛围、高素质的市民和文明的社会环境等。对资源型城市而言，提高政府服务质量是改善投资软环境的有效措施。

加强经济软环境建设，就是要破除阻碍发展的思想观念和陈旧体制，推行政务公开，削减审批事项，提高办事效率和服务水平。通过建立自上而下责任追究制等办法，不断加大对违规执法行为的查处力度，建设行为规范、运转协调、公开透明、廉洁高效的行政管理体制；树立和形成实事求是、奋发有为、开拓进取、真抓实干的工作作风与社会风气。抓好政策落实和产业政策体系建设。积极争取和用足、用活、用好国家、省振兴老工业基地和推进资源型城市经济转型的各项扶持政策。努力把盘锦市建成在省内乃至东部沿海地区具有比较优势的法制环境、行政环境和政策环境的典型城市。

以鼓励技术创新为导向,加强对中小企业担保、直接贷款和鼓励创新的措施。建立以培育小企业为主要职能的技术孵化器,主要目标是通过将技术、诀窍、企业家才能与资本联结在一起,为技术导向型企业发展提供支持。

促进就业和社会保障体系建设。根据各国产业转型的经验,产业转型的最大难点是人员的"转型"。由于资源型产业的从业人员一般从事简单体力劳动,技能单一,文化水平较低,学习能力差,很难适应新兴产业的需要,必须经过职业培训才能再就业。可以借鉴法国洛林地区的经验,开展有针对性的职业技能培训,让其掌握一技之长,同时还要为其提供就业信息,促使其尽快就业。

要千方百计地创造就业岗位。大力开展多种形式和多层次的职工培训,落实再就业政策,支持和帮助失业职工再就业,对就业困难人员实施再就业援助。建立和实行劳动预备制度,缓解就业压力。"十一五"期间,城镇登记失业率控制在4%以内。进一步巩固和完善社保试点工作成果,不断完善基本养老保险、失业保险、医疗保险制度,建立与盘锦市经济发展水平相适应的社保体系,确保符合低保条件的城市和农村贫困居民全部纳入保障范围,实现应保尽保。继续加大社会保障资金的征收和筹集力

第十二章 资源型城市转型路径分析——以盘锦市为例

度，确保企业和机关事业单位离退休人员养老金按时足额发放，确保失业人员救济金按时足额发放。加大劳动监察执法力度，加强劳动关系调整，切实维护劳动者在就业、保障、分配等方面的合法权益。

加强信用体系建设，努力建立、引导各类中介组织。加强信用体系建设，改善金融运行环境。大力加强信用制度和信用体系建设，打造诚信盘锦。规范中介机构执业行为，建设金融安全区。在努力吸引国外资金、域外资金和启动民间投资的同时，深入挖掘和充分利用各种金融资源，不断拓宽资金渠道。发展壮大地方金融机构，提高其存贷业务的市场份额；推进同国家开发银行等重点金融机构的深入合作，鼓励银行提高信贷资金投放力度，扩大对接续产业项目的支持，不断缩小存贷差。鼓励企业上市融资和采用租赁融资、项目融资等新型融资方式，拓宽金融合作领域。积极争取国债和国、省专项资金支持，使用好市科技三项费用、工业发展资金等地方专项资金，发挥好财政资金的引导作用，为发展接续产业提供坚实的资金保障。

积极推动科技进步与产业创新，深入实施人才战略。加快推进科技进步。广泛采用高新技术和先进适用技术，改造和提升传统产业。按照走新型工业化道路要求，大力推进国民经济和社会信息化，以工业化促进信息化，通过信息技术的广泛应用，带动工业化在高起点上加快发展。大力推进企业科研开发机构和技术创新体系建设。重点支持企业建立研发中心和各种研发机构，提高企业研发投入占销售收入的比率，增强企业技术创新能力，努力在支柱产业和重点企业中形成一批具有自主知识产权的关键技术和名牌产品，降低生产成本，增强核心竞争力。办好石油高新技术产业园区，建立中小企业孵化器。积极引进国内外大专院校、科研院所的科技成果来盘锦实现产业化，带动全市高新技术产业的发展。

建立产业创新机制，完善产业运作机制。不断提高全市对现代产业发展规律的认识水平和运用能力，努力营造适宜于新兴产业发展的舆论环境、设施环境和政策环境。利用产业投资公司和产业转移公司，塑造暂无主体的产业项目的对接载体，建立顺畅的资本进出机制，发挥政府专项资金的导向作用，推动形成承接、引进新兴产业的产业创新机制和有效运作机制。

实施人才战略。要围绕为接续产业发展提供人才智力支撑，构筑适应发展接续产业需要的多层次人才队伍，进一步制定和完善更有效的操作性强的人才政策，积极吸引高水平的各级各类专业技术人才和经营管理人才到盘锦创业、发展。通过多种形式，加强对企业经营者的培训和提高，建设一支掌握现代管理知识、具有战略性眼光、胜任外向型经营运作的企业家队伍。紧紧围绕发展接续产业对各类人才的需求，发展多种形式和多层次的中、高等职业技术教育，按需求增设学科，拓宽教学领域，培养接续产业发展所需要的各类实用型人才，特别是中、高级技术工人。营造使用人才环境，完善人才流动、人才奖励、人才培训等政策体系，创新收入分配激励机制，创造优势人才脱颖而出的体制和环境。

大力推进各项改革。以突出市场在资源配置中的基础作用为核心，积极进行体制和机制创新，建立现代企业制度，建立与市场经济体制相适应的行政管理体制和运行机制，以改革促进经济发展和结构调整。加快国有

第十二章 资源型城市转型路径分析——以盘锦市为例

企业产权制度改革,大力发展混合所有制经济。要通过改制或整体对外合资等方式,加快推进大型国有企业的投资主体多元化,实现体制和机制对接。引导和支持民营企业发展股份制经营,建立现代企业制度。积极创造条件,争取国家、省给予支持,妥善解决辽河油田、华锦集团等中省直企业的主辅分离和厂办集体企业问题。按照政企分开的要求,进一步深化国有农、苇场改革,解决历史遗留问题,创新发展机制。创新国有资产管理体制,建立起比较完善的国有资产监督、管理和营运体系。进一步转变政府职能,提高政府部门服务于发展接续产业的能力和水平。

放开、放手、放活发展民营经济,做大做强县域经济。积极营造民营经济发展的良好环境,发挥政策导向作用,引导民间资本向生产领域特别是向工业领域集中,支持进入基础设施、公用事业以及法律法规没有禁止的其他行业和领域,鼓励民间资本参与国有企业改制、改组、改造。重点扶持天龙药业、华孚、兴建助剂、长江龙集团、科尔沁乳业鹤乡公司、兴隆百货集团和油田多种经营重点改制企业等一批民营骨干企业发展壮大,在省内、国内形成知名品牌和企业影响力。

在继续坚持农业基础地位,做大做强盘锦特色农业的同时,把发展工业作为强县(区)富民第一要务,实现县(区)乡工业的跨越式发展,大力推进县区工业化进程,壮大县域经济整体实力和县(区)乡财力。推进县区工业园区建设,建设基础设施完备、配套功能齐全并有相当数量、规模企业入驻的各类工业小区,形成支撑县区经济的主要力量。

第十三章　区域经济发展与资源型城市产业转型

资源型城市的比较优势在于自然资源相对丰厚，土地、人文等其他资源丰富、人力资源潜力巨大，原资源型开发生产的工业基础较为雄厚，国家政策扶持等。而关键的问题是，如何利用原有的资源型城市的比较优势来实现资源型城市的发展转型。资源型城市转型包括多方面，就盘锦来看（包括其他城市如抚顺、鞍山、阜新等）应当从多方面入手实现转型。

一、加大产业调整力度，实现城市产业结构转型

产业结构转型是决定资源型城市经济转型的关键。由于资源开发的不可持续性，因此，资源型城市必须根据自身资源禀赋和比较优势，确定新的主导产业。新的主导产业必须具备产业规模优势、生产比较优势、市场

需求优势、区位竞争优势，这样才能充分发挥主导产业在经济发展中的扩散效应，充分发挥其在前向关联产业和后向关联产业的纽带作用，成为区域产业链的中心环节。

例如，美国的休斯敦在20世纪60年代受石油资源的制约，经济发展水平下降很快，但其加大了石油冶炼的研发，并带动机械、电子、航空、运输等新兴产业的发展。法国的洛林原以煤炭资源丰富而著称，其在转型过程中重点选择了核电、计算机、激光、电子等高新技术产业作为发展重点，成功实现了产业结构转型。

从资源型城市盘锦来看也有其比较优势，盘锦可应根据自身所处发展阶段和比较优势，瞄准国内市场和国外市场的发展机遇，进行主导产业的重构和产业结构的升级。以新能源、能源深加工、海工、机械、电子、物流、旅游等为特色的产业作为资源型城市产业结构转型的重要组成部分。当然，资源型城市产业结构转型，并不意味着完全放弃原有延伸的传统产业。在传统产业链延伸的基础上，促进原有资源产业的粗加工向资源深加工转化，并通过技术进步来提高产品的附加值，从而使传统的资源型产业焕发新的生机和活力。主要策略包括：拓宽资源生产产业领域、延长原有资源生产产业链条、提升原有资源生产产业档次。

二、科学系统完善规划，实现城市功能定位转型

资源型城市主要承担着为国家经济发展提供能源和矿产资源的重要作用，但受到不可再生资源储量有限的制约，资源型城市必须重新定位，实

现城市功能的定位转型。盘锦经历了几十年的发展建设，积累了一定的工业基础、人力资本和基础设施条件。因此，盘锦在城市功能定位转型过程中，可将构建区域中心城市作为基本导向。区域中心城市是指在一定区域的城市带中具有相当经济实力，能在经济、科技、文化等方面对周围区域产生辐射带动作用的中心城市。

盘锦在辽西构建区域中心城市的可行性在于：（1）为方便资源的输出，资源型城市在发展过程中大都建立了连接省会城市或经济重镇的交通道路设施，这有利于促进人员的流动和商业的发展；（2）已有的工业设施能为新兴工业的发展奠定基础，对于形成多种工业综合发展的格局有明显的促进作用，并且，累积的工业技术和设备有利于传统资源型产业向上下游产业链延伸，也有利于促进传统工业的升级；（3）在发展过程中形成的规模优势、技术优势和集聚能力能够有效配置周边资源，产生聚集效应，使中心城市逐渐成为带动周边地区经济发展的中心。

三、全方位打造和谐理念，实现城市生态环境转型

自然资源的开采和加工会不可避免地对环境造成污染，在此过程中所形成的工业固体废弃物、废水和废气直接对城市生态平衡和生物繁衍造成危害，也对人类的生存造成巨大威胁。所以，要促进城市生态环境的转型，加大对环境污染的治理力度和对经济发展的环境约束力度，来逐步扭转城市生态环境恶化的趋势。

首先，要通过技术创新和生产工艺、流程改造，降低资源开采和加工

第十三章 区域经济发展与资源型城市产业转型

过程中的污染物排放水平。其次,要加大对城市污染的治理,通过科学规划来促进城市生态的保护,提高排污权和排污费管制水平来控制污染物排放数量,增加污染治理投资来提供良好的生活环境。通过建立生态补偿机制,按照"谁破坏、谁恢复"的原则,明确治理责任,保证治理资金和措施落实到位。

除了在工业上对环境污染进行治理和约束以外,建立城市生态环境监测和预警体系也是资源型城市生态环境转型的一个重要方面,做到防治结合。通过实施城市生态资源普查、建立动态监控机制、构建城市生态数据库等方式,对城市生态系统进行科学分析、评判和预测,从而进行有针对性的防护和治理。另外,还需在城市人文环境方面加强引导,包括倡导绿色生活方式、节能建筑、树立城市文化名片等。

四、加快城乡二元结构转换,实现城市形态网络转型

资源型城市因资源开采而设立,在建设初期,基本上未按照城市对区位条件的要求来布局。目前,大多数资源型城市呈现出布局分散、城市功能区划分不明确、城市发展规划不科学等问题。资源型城市的空间布局呈现出城市产业同构现象严重、城市之间及其与区域之间的职能联系薄弱、高度城市化的中心市区与低水平城市化的邻近区域之间呈现明显的嵌入式二元结构等典型特征。若维持当前的城市形态,则不利于资源型城市的资源优化配置和发展方式转变。因此,需要对现有的城市形态网络转型。

在资源型城市转型过程中,应当实施特殊的区域开发政策,促进资源

型城市与区域之间融合互补发展，加快资源型城市的城乡二元结构转换。

因此，实现城市形态网络转型的主要思路是，构建以中心城区为核心，以次级中心城镇为两翼的"一核多心"空间结构布局。一方面，有利于发挥中心城区经济高度集中、资本和产业密集度高、基础设施相对完善、人力资本积累相对丰厚等优势，提升中心城区在政治、经济、文化、科技、教育等方面的综合实力，在实现中心城区快速发展的同时，对周边地区的经济发展起到带动作用。另一方面，次级中心城镇在中心城区的辐射效应下，通过吸纳资金、技术、市场等资源，并与当地的优势资源融合，进而形成推动次级中心城镇发展的重要生产力，包括打造特色工业园区、生态旅游区、绿色农业产区等。

五、发挥区域资源优势，实现城市要素聚集转型

资源型城市的布局一般都存在"点多、线长、面广"的特点，实际建成区小，不少城市中间夹杂着耕地、菜地等非城市景观，集聚度低。例如，抚顺和阜新原受煤炭资源分布的影响，在长期的发展过程中形成了"大分散、小集中、城乡交错"的城市布局，致使城镇分散、城市功能弱化。

因此，应根据资源型城市转型的定位，对城市功能区进行科学规划，实现城市要素的集聚。这包括：产业的分布与集聚；资本的集中与合理使用；人才的集聚和创新体系建设；整合学校、医院、电力等公共服务资源，实现公共服务的均衡分布；科学规划、建设城市的交通设施道路等。

在上述因素中,产业在空间上的集聚具有显著意义,其不仅有利于资源型城市的产业结构转型,而且有利于促进资源型城市的要素集聚。一个城市能否实现产业的空间集聚取决于三个效应:第一,市场接近效应,指企业倾向于选择市场规模较大的区位进行生产;第二,价格指数效应,指企业集中的地区可以降低当地居民的生活成本;第三,市场竞争效应,指企业倾向于选择竞争者较少的区位。

六、遵循民生为本原则,实现城市基础设施转型

出于自然资源开采和加工的需要,资源型城市在以往的基础建设过程中,主要围绕重工业的发展需求来进行规划和建设,而较少地从人居环境、城市功能定位、现代城市交通体系等方面进行考虑。所以,实现资源型城市的基础设施转型,就是要在充分发挥已有基础设施功能的基础上,促进循环经济在城市基础设施建设中的作用。这就要求注重不可再生资源、水资源、大气资源的保护和高效利用,提高资源的循环使用效能;并且,还要求城市的基础设施建设要充分考虑发展模式转变后的产业发展需求和人民生活需求,进而为资源型城市的可持续发展提供支持。

参考文献

[1] 诺思. 经济史中的结构与变迁 [M]. 陈郁, 等, 译. 上海: 上海人民出版社, 1995.

[2] 王颖. 资源型城市发展的实证研究——以辽宁省盘锦市为例 [J]. 城市研究, 1997 (4).

[3] 俞滨洋, 赵景海. 资源型城市可持续发展战略初探 [J]. 城市规划, 1999 (8).

[4] 张以诚. 我国矿业城市现状和可持续发展对策 [J]. 中国矿业大学学报 (社会科学版), 1999 (1).

[5] 王元. 重视单一性城市的可持续发展 [N]. 人民日报 2000 年 1 月 11 日.

[6] 武春友, 叶瑛. 资源型城市产业转型问题初探 [J]. 大连理工大学学报（社会科学版）, 2000 (9).

[7] 焦华富, 陆林. 西方资源型城镇研究的进展 [J]. 自然资源学报, 2000 (3).

[8] 张秀生, 陈先勇. 论中国资源型城市产业发展的现状、困境与对策 [J]. 经济评论, 2001 (6).

[9] 张米尔, 武春友. 资源型城市产业转型障碍与对策研究 [J]. 经济理论与经济管理, 2001 (2).

[10] 王青云. 资源型城市经济结构转型研究综述 [N]. 国家计委宏观经济研究报告, 2002.

[11] 李猛, 张米尔. 资源型城市产业转型的国际比较 [J]. 大连理工大学学报（社会科学版）, 2002 (1).

[12] 王琼. 资源枯竭型城市经济转型要有新思路 [J]. 求是, 2002 (12).

[13] 李蕾蕾. 逆工业化与工业遗产旅游开发——德国鲁尔区的实践过程和开发模式 [J]. 世界地理研究, 2002 (9).

[14] 张复明. 资源的优势陷阱和资源型经济转型的途径 [J]. 中国人口·资源与环境, 2002 (4).

[15] 郭淑芬, 高策. 产业群与资源型区域的持续发展探析 [J]. 中国软科学, 2003 (2).

[16] 齐建珍, 等. 资源型城市转型学 [M]. 北京: 人民出版社, 2004.

[17] 路世昌.耗竭型资源城市经济发展战略研究[J].中国软科学,2003(8).

[18] 汤姆·泰坦伯格.环境与自然资源经济学[M].北京:经济科学出版社,2003.

[19] 郑伯红,廖荣华.资源型城市可持续发展能力的演变与调控[J].中国人口·资源与环境,2003(2).

[20] 张米尔,孔令伟.资源型城市产业转型的模式选择[J].西安交通大学学报(社会科学版),2003(3).

[21] 孙雅静.我国资源型城市转型路径研究[J].资源与产业,2003(12).

[22] 孙雅静.矿业城市转型的国际比较[J].开放导报,2004(1).

[23] 鲁昕.资源型城市的生存与发展——在"第五届中国矿业城市发展论坛"理论组的发言[J].辽宁经济,2004(4).

[24] 周多明."铜城"白银城市转型中的再生之路[J].西部论丛,2004(9).

[25] 齐建.资源型城市转型学[M].北京:人民出版社,2004.

[26] 徐晖,张锦瑞.用循环经济模式进行矿山尾矿综合利用研究[J].中国矿业,2004(11).

[27] 袁占亭.突出特色推动产业集群发挥优势,加快经济转型[C].第七届中国矿业城市发展(白银)论坛论文材料,2005.

[28] 郑秋生. 德国鲁尔区煤炭基地的成功改造对山西煤炭资源型城市可持续发展的借鉴意义［J］. 生产力研究，2005，12（4）.

[29] 穆东，杜志平. 资源型区域协同发展评价研究［J］. 中国软科学，2005（5）.

[30] 张雪梅. 资源型城市发展循环经济的途径及政策思考［J］. 理论前沿，2005（13）.

[31] 徐敏，王超. 试论资源型城市产业结构的调整与优化［J］. 政府与经济，2005（8）.

[32] 王缉慈. 产业集群和工业园区发展中的企业邻近与集聚辨析［J］. 中国软科学，2005（12）.

[33] 于志明，孙宋芝. 资源型产业城市发展规律初探［J］. 经济问题探索，2006（3）.

[34] 朱训. 矿业城市转型研究［M］. 北京：中国大地出版社，2005.

[35] 刘玉宝. 资源型城市产业转型的国际经验及其对我国的启示［J］. 世界地理研究，2005，14（4）.

[36] 曹志来. 矿业城市社会经济网络对企业的束缚效应［J］. 辽宁工程技术大学学报（社会科学版），2005（6）.

[37] 邱先裕. 国际产业转移环境下湖南先进制造业基地的形成与发展战略研究［D］. 长沙：长沙理工大学，2005.

[38] 王炜，步伟娜，纪江海. 资源型城市生态功能区划研究——以焦作

市为例［J］.自然资源学报，2005，20（1）.

[39] 王彤.资源型产业可持续性发展的博弈模型［J］.统计与决策，2006
（7）.

[40] 李晶.资源枯竭型城市产业转型的"恒山模式"研究［J］.财经问题研究，2006，12（7）.

[41] 申玉铭，杨彬彬，张云.资源型城市的生态环境问题与综合整治——以济宁市为例［J］.地理研究，2006，25（3）.

[42] 王建平，陈元朝.资源型城市的产业转型与可持续发展研究［J］.科学管理研究，2006，24（2）.

[43] 刘力钢，罗元文.资源型城市可持续发展战略［M］.北京：经济管理出版社，2006.

[44] 钱勇.资源租金、资源开发补偿与资源型城市可持续发展［J］.财经问题研究，2006（12）.

[45] 孙雅静.资源型城市与发展出路［M］.北京：中国经济出版社，2006.

[46] 原振雷，等.鲁尔模式对河南矿业城市可持续发展的启示［J］.矿产保护与利用，2006（4）.

[47] 张雪梅，孙武志.资源型城市经济结构转型的战略思考［J］.生产力研究，2006（2）.

[48] 柴璐，李守义，等.我国资源型城市可持续发展措施与建议［J］.资

源产业经济，2006（2）.

[49] 梁振杰. 资源型城市转型时期选择与模式研究［J］. 中国国土资源经济，2006（9）.

[50] 辽宁统计年鉴［M］. 北京：中国统计出版社，2006.

[51] 王其水. 论资源型城市的建设［J］. 建筑，2007，2（4）.

[52] 陈希勇. 城市核心竞争力探析［J］. 绵阳师范学院学报，2007（3）.

[53] 刘助仁. 国外发展可再生能源的经验及其启示［J］. 求索，2007（8）.

[54] 徐君. 资源型城市产业转型风险评估［J］. 统计与决策，2007（4）.

[55] 千庆兰. 中国地区制造业竞争力新论［M］. 北京：科学出版社，2006.

[56] 赵玉林. 产业经济学［M］. 武汉：武汉理工大学出版社，2004.

[57] 隋广军，等. 产业演进及其微观基础研究［M］. 北京：经济科学出版社，2007.

[58] 郭克莎，贺俊. 走向世界的中国制造业［M］. 北京：经济管理出版社，2007.

[59] 许国志. 系统科学［M］. 上海：上海科技教育出版社，2000.

[60] 吕政. 国际产业转移与中国制造业发展［M］. 北京：经济管理出版社，2006.

[61] 唐晓华，等. 产业集群：辽宁经济增长的路径选择［M］. 北京：经

济管理出版社，2006.

[62] 赵玉林. 高技术产业经济学［M］. 北京：中国经济出版社，2004.

[63] 戴宏伟. 国际产业转移与中国制造业发展［M］. 北京：人民出版社，2006.

[64] 何禹霆. 中国装备制造业的产业组织模式［M］. 北京：经济管理出版社，2006.

[65] 史丹. 中国装备工业的技术进步［M］. 北京：经济科学出版社，2001.

[66] 凌云，王辉. 先进制造业基地建设的理论与实践［M］. 北京：中国经济出版社，2004.

[67] 周松兰. 中日韩制造业竞争力比较研究［M］. 武汉：武汉大学出版社，2007.

[68] 陶良虎. 湖北装备制造业竞争力研究［M］. 武汉：湖北人民出版社，2006.

[69] 荣宏庆，等. 世界经济一体化与辽宁装备制造业发展［M］. 北京：新华出版社，2006.

[70] 刘春芝. 集群式创新——以辽宁装备制造业发展为例［M］. 北京：中国社会出科学版社，2005.

[71] 谌术能. 论大中小城市和小城镇协调发展的理论与实践［J］. 黑龙江科技信息，2011（3）.

[72] 刘亚静.基于"城镇化带动战略"的小城镇建设构想[J].网络导报·在线教育,2012(15).

[73] 李兰昀.重庆市主城区小城镇城乡统筹发展规划策略研究[J].城市发展研究,2012(12).

[74] 周维.新型城镇化背景下小城镇发展的机遇与挑战[J].中外建筑,2013(6).

[75] 林仲城.小城镇发展中的土地利用问题与对策[J].城市建设理论研究,2013(12).

后　记

我是一个农村孩子,生于辽东山区。自小家贫,母亲多病,兄妹三人,生活异常艰辛。初中毕业后,我被迫放弃了上高中考大学的机会,读了中专,以便早日参加工作,奉养父母,照顾弟弟妹妹。从此,大学成了我萦绕心间、挥之不去的一个梦,永远也打不开的一个心结。

也许是因为没上过大学,所以更渴望读书。参加工作以后,我先后参加了本科、研究生课程的函授教育、在职学习,先后拿到了两个本科、两个研究生的文凭。然而,那个挥之不去的梦却总在心里慢慢发酵。大学,成了我无数次梦里徜徉的地方!我知道,其实自己在意的是因家贫而没上过大学的人生缺憾。

这些年来,每到一地,闲暇之余,必定会以近乎朝拜的心情去探访当地的知名学府,在校园里走一走、转一转,到图书馆、博物馆里坐一坐,

后　记

感受那浓浓的书香，体会学生的心境。为了圆梦，也为了学习，我撇家舍业，脱产两年到辽宁省委党校读研究生。之后，又南下北上，攻读工商管理博士学位。在撰写博士论文期间，一种强烈的使命感让我把目光投向我工作生活的这座城市——盘锦，在国家大的环境中探索资源型城市的转型发展之路径。我克服了专业知识缺乏、基础知识差等一系列困难，一波三折地完成了博士学位论文的答辩，如愿以偿地拿到博士学位。尽管学位最终没有获得认证，但我认为自己收获的比拿到学位更多。

深知学历不代表能力，文凭也不等于水平，但我还是一直在努力学习、思考、探索。除了学无止境的认知外，更多的还是想努力圆自己的大学梦。撰写论文之时，正是盘锦大力实施资源型城市转型发展战略之时。我亦师亦友的导师、辽宁省委党校二级教授荣宏庆鼓励我，在博士论文研究课题的基础上充实、完善，出一本专著。对于荣教授的美意，我很忐忑。出一本经济学专著，对于一个没有受过系统教育，更没有良好专业基础的人，我能行吗？是不是勉为其难？我颇为踌躇。知耻而后勇！正因为自己有不足，所以更要努力！我要衷心感谢荣教授！他于百忙之中，亲自为我制定了研究框架、篇章结构、参考书目，帮我收集资料，特别是在一些我并不擅长的领域，亲自指点、把关，提供研究路径和计量模型。历时两年，我在繁忙的工作期间，起早贪晚、见缝插针，断断续续地完成了这本书的初稿。其间几度想放弃，但荣教授一直鼓励我、鞭策我，并多次帮我修改完善书稿。可以说，没有荣教授，就没有这本书。

拙作得以面世，除了荣教授，我还要感谢两位师长：一位是首批长江学者、著名经济学家、我的恩师、中央民族大学校长黄泰岩教授，多年来对我谆谆教诲，无私帮助，关爱有加，令人如沐春风永远景仰，其谦谦君子和学者风范是我永远感恩、敬重的人生导师；另一位是长江学者、辽宁大学原党委常委林木西教授，一位德高望重、著作等身、桃李满天下的知名经济学家，亲自作序，给予我诸多鼓励和鞭策，让我感动不已。我还要感谢原盘锦市人防办主任王树祥先生亲自帮我整理、校对书稿，以及所有关心、鼓励、支持和帮助过我的人！

本书由于收集资料及撰写周期较长，所采用的资料及数据可能陈旧、不准确，加之自身才疏学浅，差错之处在所难免。唯以此仰望诸君，恳请不吝赐教！

仅以此书告慰天堂里的母亲！

作　者

2017 年 3 月 29 日于盘锦